Rendez-nous la liberté de rouler !

Du même auteur

Voiture électrique : ils sont devenus fous !, Éditions de l'Observatoire, 2022 ; Litos (poche), 2023.

François-Xavier Pietri

Rendez-nous la liberté de rouler !

Éditions de
L'Observatoire

ISBN : 979-10-329-2926-1
Dépôt légal : 2024, septembre

170 bis, boulevard du Montparnasse, 75014 Paris

Pour Agnès.

Introduction

L'automobile sous contrainte

J'ai la chance, dans ma vie actuelle de journaliste et auteur, de me partager entre deux régions, Paris et la Corse, entre la capitale et son immense mégapole et un petit hameau de Haute-Corse et sa minuscule poignée d'habitants. Deux bouts de France aux antipodes. D'un côté, la richesse, l'opulence, le mètre carré à 10 000 euros. De l'autre, quelques maisons dont deux ou trois au bord de l'effondrement et, en général, tout juste de quoi vivre. C'est cette France que tout oppose qui se révèle aujourd'hui dans le paysage de l'automobile. Dans mon hameau de Haute-Corse, Sandrine[1] a une voiture, une petite automobile qu'elle a achetée neuve, il y a plus de quinze ans. Un modèle à essence, qu'elle bichonne comme un joyau. Sans elle, pas de courses du quotidien. Pas de possibilité de se rendre à la poste ou chez le médecin. Pas de travail. La panne, l'accident, c'est l'angoisse permanente de Sandrine qui ne pourrait plus, aujourd'hui, s'offrir une nouvelle automobile. Même d'occasion.

1. Le prénom a été changé.

À Paris et dans sa région, 10 millions de trajets sont faits chaque jour par les Franciliens, grâce à l'un des plus importants réseaux de transports en commun du monde. 1 500 lignes de bus, 14 lignes de métro, 13 lignes de train et de RER, 12 lignes de tramways qui sillonnent la région et quelques Batobus sur la Seine. Même si des millions de Franciliens continuent à utiliser leur voiture, essentiellement pour des trajets de banlieue à banlieue, chaque année, leur proportion baisse. La construction en cours des 200 km des nouvelles lignes de métro du Grand Paris va aider un peu plus encore à cette évolution.

Dans ce hameau de Haute-Corse, l'alternative ne sera jamais possible. La seule façon de se déplacer au jour le jour restera la voiture. Ce qui vaut pour cette tête d'épingle rurale vaut aussi pour des dizaines de milliers de communes, des centaines de milliers d'habitations, des dizaines de millions de Français qui ne pourront jamais circuler autrement qu'en voiture. Une liberté d'aller et venir plus que précieuse : vitale.

La voiture, cible prioritaire des choix écologiques

Et pourtant, on s'organise pour restreindre cette liberté. L'automobile, devenue le paria du transport, est dévalorisée socialement. Tout est fait pour éloigner les Français du mode de transport le plus utilisé, et de loin, sur le territoire. La voiture, hier objet utilitaire et de plaisir, instrument de liberté, est devenu un boulet que traîne la société. C'est du moins ce que l'on veut faire croire. Comme si le carrosse s'était transformé en citrouille. Ce changement de statut n'a rien de naturel. Il est orienté par une classe dirigeante, en France comme chez ses partenaires européens, au nom de la transition écologique. Dans le pacte vert pour l'Europe – *European Green Deal* –, la voiture a été désignée comme la cible prioritaire qu'il fallait abattre pour atteindre l'objectif louable, et ambitieux, de la neutralité carbone pour le Vieux Continent à l'horizon 2050. L'agriculture, l'industrie ou le bâtiment, pourtant pourvoyeurs majeurs de CO_2, s'en tirent à bien meilleur compte.

Tous les coups sont permis. Dans les grandes métropoles, les restrictions de circulation – les fameuses « zones à faibles émissions » – se multiplient avec, à chaque fois, leurs lots d'exclus. En l'occurrence, des centaines de milliers d'automobilistes qui se voient entravés dans leur usage quotidien de leur moyen de transport, sans qu'on leur propose des solutions de substitution. Comme si la voiture, pour les familles, les travailleurs, les artisans au volant, était un gadget superfétatoire. L'automobile entre ainsi, peu à peu, dans l'univers peu enviable du contrôle à outrance, sous caméras, de plus en plus répressif.

Le tout-électrique en 2035, décision radicale... et stupide

L'interdiction suprême, et la plus folle, est celle imposée le 14 juillet 2021 par les « experts » de Bruxelles. L'oukase qui interdit la vente de voitures thermiques et impose à tous l'électrique en 2035. Dans *Voiture électrique : ils sont devenus fous !* paru aux Éditions de l'Observatoire, j'avais dénoncé cette incroyable décision. Deux ans plus tard, les risques de dégâts industriels et sociaux que je mettais alors en évidence se confirment. D'ailleurs, l'Europe est le seul grand continent dans le monde à avoir pris un parti aussi radical et aussi stupide. Ni les États-Unis ni la Chine – pourtant leader mondial de la « watture » – n'ont versé dans cet excès insensé. Pire : dans sa naïveté pusillanime, l'Europe s'est livrée, sans conditions, aux assauts de l'industrie chinoise, en offrant notre marché de 15 millions d'automobiles produites chaque année sur un plateau d'argent. La voiture électrique va devenir pour l'Union européenne le plus grand recul industriel du XXIe siècle, sur décision de quelques technocrates adoubés par nos gouvernants, au nom d'une écologie punitive. Sans compter la différenciation sociétale que va imposer cette décision. Elle va dresser face à face les « électro-automobilistes », parés de toutes les vertus écologiques – bien que ces dernières restent largement à prouver ! – et la France des classes laborieuses, condamnées à porter la marque au fer rouge de l'antéchrist de l'écologie.

Plus pernicieux encore, c'est l'accès pour les Français à la voiture de tous les jours, bien avant l'échéance folle de l'électrique en 2035, qui s'éloigne chaque année un peu plus. Au nom de l'inflation, et surtout pour le bien-être moins avoué de leurs actionnaires et du salaire de leurs dirigeants – qui n'a pas entendu parler des 36 millions d'euros de rémunération de

Carlos Tavares plébiscitée par les actionnaires de Stellantis en avril 2024 ? –, les constructeurs automobiles ont relevé, année après année, et dans des conditions de hausse jamais vues, les prix catalogue de leurs modèles. Tous les wagons de la chaîne automobile – de l'occasion aux pièces détachées, en passant par les assurances – ont été entraînés par le TGV de la flambée des prix. Au point de transformer un outil d'usage courant en bien de luxe, devenu à peu près inaccessible aux classes moyennes.

Longtemps outil d'émancipation et d'autonomie, héritage précieux du XXe siècle, l'automobile est donc devenue un bien sous contrainte. C'est tout l'objet de cet ouvrage que d'explorer les ressorts de ces contraintes et d'en analyser les conséquences potentiellement délétères. Car, malgré les injonctions culpabilisantes, les alternatives restent insuffisantes et la voiture demeure une nécessité pour une majorité de personnes, notamment hors des grandes métropoles. Dès lors, n'est-il pas urgent de remettre en question ce dogme d'une automobile forcément polluante et d'ouvrir des perspectives conciliant le pragmatisme écologique avec le maintien de cette indispensable liberté de circuler ?

Il est temps d'imaginer une autre voie. Celle d'une transition automobile raisonnée, soucieuse de ne laisser personne au bord de la route et de ne pas sacrifier toute une filière industrielle sur l'autel d'un volontarisme vert. Objectif : que l'automobile, sans rien céder de son utilité quotidienne, redevienne accessible au plus grand nombre dans un cadre écologiquement vertueux.

Première partie

Quand la voiture vaut son pesant d'or

1

À plus de 35 000 euros, la voiture devient un rêve inaccessible

La voiture est devenue un objet de luxe, inabordable pour une large majorité de Français. En 2023, le prix moyen d'un véhicule neuf immatriculé en France a atteint la somme faramineuse de 35 474 euros, selon les chiffres communiqués par le cabinet spécialisé AAA Data. En une seule année, son prix a augmenté de 2 000 euros, alors même que les constructeurs n'ont cessé de communiquer sur une baisse de leurs tarifs. Quand on s'y penche dans le détail, pas de surprise : on comprend que l'électrique est largement responsable de cette hausse. Il faut débourser pas moins de 45 000 euros pour acquérir une 100 % électrique, ce qui fait déjà entrer l'automobile dans le domaine de l'inaccessible pour le commun des automobilistes.

59 000 euros pour une hybride rechargeable, 38 000 euros pour un diesel

Mais l'inaccessible devient carrément stratosphérique s'il nous vient à l'idée de nous offrir une hybride rechargeable, ces voitures qui permettent d'alterner entre un usage électrique sur de courtes distances et un usage thermique au bout de quelques dizaines de kilomètres. Il faudra alors débourser en moyenne pas moins de 59 000 euros, un montant proprement incroyable ! Là, les constructeurs font payer au prix très fort une double motorisation – un moteur thermique et, surtout, une batterie de taille importante qui vient s'y ajouter – pour des véhicules qui sont le plus souvent de gros SUV, en particulier pour les marques « premium » allemandes, du haut de gamme.

Mais si la voiture électrique fait exploser la facture, les autres motorisations ne sont pas en reste. Il faut sortir de son portefeuille plus de 28 000 euros pour acheter un véhicule à essence, une motorisation qui, en général, est plutôt l'apanage des automobiles d'entrée de gamme des constructeurs. Et pour la motorisation pourtant largement éprouvée du diesel, la facture moyenne atteint tout de même 38 000 euros.

La réalité est donc beaucoup plus douloureuse que ne veulent le faire croire les messages publicitaires des marques qui, d'ailleurs, n'annoncent plus jamais le prix catalogue d'un véhicule. À la télévision, sur les ondes des radios ou dans les pages des journaux, les constructeurs n'évoquent plus que des loyers mensuels, histoire de mieux cacher la valeur réelle des véhicules. On les comprend : la vérité des tarifs pourrait couper court à l'envie d'acheter la voiture de ses rêves. Il faut dire que si l'inflation a marqué les esprits – et surtout les portefeuilles – depuis la guerre en Ukraine, avec une flambée des coûts de l'énergie, mais aussi de nombre de matières premières, l'automobile en a pris sa part. Et même une très large.

En deux ans, toujours selon les données de AAA Data, le prix des voitures neuves a grimpé de plus de 20 % ! Un record absolu. Le problème, c'est que cette flambée n'est pas nouvelle, loin de là. Elle est devenue une constante depuis le début des années 2010. Avec une croissance très supérieure à celle de l'inflation, dont l'accélération, elle, est une donnée toute récente.

Le prix de la Twingo a plus que doublé depuis 2010

En 2010, on pouvait s'offrir une petite Renault Twingo pour 8 000 euros. La même Twingo de base de 2024 vaut aujourd'hui plus du double, à 17 000 euros au prix catalogue, sans compter les options ! Si on se réfère aux chiffres du magazine *Auto Moto*, en 2010, le prix des dix voitures les moins chères en France s'étalonnait entre 7 000 euros pour une Dacia jusqu'à 9 000 euros pour une Toyota Aygo. Une fourchette encore accessible. Le même comparatif en 2023 donne une échelle qui va de 12 000 euros, toujours pour une Dacia, à plus de 18 000 pour une Skoda. Si le prix des automobiles d'entrée de gamme, donc destinées aux plus faibles revenus, a explosé en quelques années, la tendance est tout aussi spectaculaire pour l'ensemble du marché automobile. En 2010, une voiture coûtait en moyenne un peu moins de 20 000 euros ; à plus de 35 000 euros aujourd'hui, son prix a donc bondi de plus de 15 000 euros. Un quasi-doublement en treize ans ! Pour information, dans le même temps, le salaire minimum net en France est passé de 1 056 euros fin 2010 à 1 398 euros en mars 2024, soit à peine 350 euros de plus par mois.

Cela signifie que le pouvoir d'achat d'une automobile s'est diablement restreint. En 1950, il fallait un peu plus de sept mois de salaire moyen pour s'offrir une voiture neuve en France. Aujourd'hui, comptez un peu plus d'un an de rémunération pour un salaire moyen et deux ans pour les Français qui émargent au SMIC. Quant à la voiture électrique, elle reste largement inaccessible : dix-sept mois de salaire pour notre salarié moyen, et trente-deux mois pour l'employé au SMIC. Cela signifie que des millions de Français ne peuvent plus acheter une automobile, neuve ou d'occasion.

D'ailleurs, il faut attendre de plus en plus longtemps pour pouvoir s'offrir une voiture neuve : l'âge moyen de l'acheteur français a grimpé à 55,3 ans actuellement, contre moins de 50 ans il y a dix ans et 43,7 ans en 1990. Quant aux jeunes automobilistes, les trentenaires ciblés par toutes les publicités à la télévision qui mettent en scène de jeunes couples ravis de leur expérience automobile, ils ne sont que 13 % à pouvoir s'offrir la bagnole de leur rêve. D'ailleurs, ceux-là achètent plutôt des Mini. En revanche, quand on achète Citroën ou Dacia, on a en moyenne plus de 60 ans... À quand l'achat d'une voiture neuve exclusivement réservé aux retraités ?

Les raisons de la flambée

Comment expliquer une telle hausse des prix ? À la décharge des constructeurs automobiles, les années qui viennent de s'écouler n'ont pas été de tout repos. En 2020 et 2021, le secteur a été touché de plein fouet par la pénurie mondiale des composants électroniques liée à la crise de la Covid-19, qui a brutalement freiné la production des puces électroniques. Il se trouve que les semi-conducteurs sont aujourd'hui omniprésents dans les voitures : tous les éléments de sécurité, comme l'ABS ou les airbags, en sont de gros consommateurs, ainsi que les aides au stationnement, la myriade de radars avertisseurs sur les franchissements de ligne, les risques de chocs, etc. S'y ajoutent ceux nécessaires aux technologies destinées aux loisirs, à l'aide à la conduite, à la composition des tableaux de bord et, bien sûr, au fonctionnement du moteur. La crise des semi-conducteurs, qui s'est traduite par une hausse des prix de ces composants, mais aussi par des arrêts dans les chaînes de production d'automobile, a donc eu un impact sur les prix.

La deuxième vague d'impact correspond aux effets directs de l'invasion de l'Ukraine. Avec, là encore, la raréfaction de certaines sources d'approvisionnement – on s'est aperçu à cette occasion qu'une bonne partie des kilomètres de câbles électroniques qui sillonnent les automobiles étaient fabriqués en Ukraine – et l'envolée du prix de certaines matières premières – notamment les métaux, les huiles moteur, le caoutchouc, le plastique, etc. Selon le cabinet AlixPartners, en mai 2022, le contenu en matières premières d'un véhicule thermique en Europe était estimé en moyenne à plus de 2 800 dollars, en hausse de plus de 90 % par rapport au montant calculé avant le premier confinement en 2020. Enfin, à cela s'est ajouté l'envolée des prix de l'énergie qui a fortement enchéri le coût de fabrication des véhicules. Difficile, pour les constructeurs, de ne pas répercuter la hausse de ces coûts sur les prix de vente.

Les constructeurs gagnants, les consommateurs essorés

À une nuance près, et de taille : la plupart en ont largement profité pour augmenter leur marge. La mécanique est simple. Les voitures étant devenues plus chères à produire, et surtout plus rares compte tenu de l'arrêt momentané des chaînes de fabrication, les constructeurs se sont concentrés sur la production des modèles à plus forte marge. Donc les plus rentables. En clair, ils ont poussé la commercialisation et les tarifs du haut du panier dans leurs gammes. Et pour gagner des deux côtés, ils ont aussi fortement augmenté les prix de vente des modèles d'entrée de gamme. Selon l'ONG Transport & Environment, dans un communiqué de fin 2023, les tarifs des voitures les moins chères, comme les Peugeot 208 de Stellantis, la série Ibiza de Seat du groupe Volkswagen, ou encore la Twingo de Renault, ont augmenté deux fois plus vite que l'inflation en quatre ans. Entre 2019 et 2023, selon l'ONG, les prix de ces petits modèles ont grimpé en moyenne de près de 6 000 euros, soit une hausse de 37 % pour les moins inflationnistes à 56 % pour les plus gourmands.

Au-delà de cet effet d'aubaine conjoncturel, d'autres éléments se sont conjugués pour pousser à la hausse les tarifs des voitures depuis une dizaine d'années. D'abord, l'évolution technologique des véhicules. En quelques années, l'automobile est devenue un concentré de nouvelles technologies, un ordinateur sur roues commandant à la fois des instruments de sécurité et de loisirs. Des radars anticollision à la surveillance des angles morts, des systèmes d'alerte piétons aux régulateurs de vitesse adaptatifs, des fonctions qui vont de la voiture semi-autonome à l'autonomie presque intégrale, des caméras installées du pare-chocs arrière jusqu'au pare-brise, des tablettes embarquées aux dimensions de plus en plus généreuses aux fonctions qui se multiplient, des logiciels qui vont jusqu'à gérer la mise à jour à distance des fonctions principales du véhicule, etc.

C'est simple : la technologie représente aujourd'hui environ 50 % du coût de fabrication d'un véhicule, contre 10 % à 15 % dans les années 1990. Le tout, bien sûr, au bénéfice du conducteur, mais aussi à celui, pécuniaire cette fois, du constructeur et de ses fournisseurs.

L'inflation des coûts est également liée à l'évolution des normes anti-pollution. Hier le pot catalytique, aujourd'hui les multiples accessoires physiques – comme les filtres de plus en performants – ou électroniques – comme les capteurs qui gèrent les dispositifs anti-pollution des véhicules – ont largement concouru à augmenter le prix de fabrication des véhicules. À chaque étape franchie dans les normes environnementales contraignant les constructeurs en matière d'émissions polluantes et de particules fines correspond un surcoût. Il a été considérable, entre 1 000 et 2 000 euros par véhicule, avec l'adoption des normes Euro 5, puis Euro 6 en 2014. Quand il s'est agi, en 2023, d'adopter la nouvelle norme Euro 7, particulièrement sévère, l'Association des constructeurs européens d'automobiles (ACEA) en a estimé le surcoût à 2 000 euros par voiture produite. Au point que Bruxelles a fini par renoncer à la forme la plus sévère de la nouvelle norme.

Qu'il s'agisse de facteurs liés aux événements conjoncturels ou aux décisions politiques normatives, en termes de sécurité ou de pollution, une constante se retrouve dans les effets de toute hausse de prix : le consommateur en subit les conséquences.

Bénéfices au zénith pour Stellantis et Renault

En revanche, pour les constructeurs français, c'est tout bénéfice ! Il suffit de se pencher sur leurs comptes pour le constater. Jeudi 15 février 2024, Stellantis annonce la couleur. Un résultat historique de 18,6 milliards d'euros. Il s'agit d'un des plus gros bénéfices jamais enregistrés par une firme française. Et le groupe repose sur 61 milliards de liquidités : plus qu'un matelas, une montagne d'argent ! Du jamais vu dans l'automobile hexagonale. Dans son histoire, le français, qui revient de loin, n'a bien sûr jamais enregistré un tel résultat. Depuis que le Portugais Carlos Tavares, ex-transfuge de Renault, a pris en main la destinée du groupe, les marges bénéficiaires du nouveau géant automobile figurent au meilleur niveau mondial. Son portefeuille également, puisque, comme déjà évoqué, le patron portugais s'est vu gratifié, pour cette année exceptionnelle, d'une rémunération tout aussi exceptionnelle : 36 millions d'euros, en hausse de 56 % par rapport à celle de 2022. Un salaire approuvé par plus de 70 % des actionnaires du groupe.

Il faut dire que son chiffre d'affaires avoisine les 190 milliards d'euros, et s'il n'y avait pas eu de malencontreuses grèves dans le secteur automobile aux États-Unis, les ventes auraient certainement flirté avec les 200 milliards d'euros. Au sein de Stellantis, on explique que ces bénéfices sont liés, à hauteur de 8 milliards d'euros, à la hausse des volumes de ventes et du « mix produit », ce qui, dans le jargon des constructeurs, se traduit par l'augmentation de la vente des véhicules les plus rentables. Et à hauteur de 6 milliards d'euros à l'augmentation des prix. Au moins, les choses sont claires.

Chez Renault, on revient de plus loin encore. Il a fallu liquider l'ère Carlos Ghosn, et surtout oublier les pertes de 2,3 milliards d'euros liées à la sortie forcée, en 2022, du marché russe. L'année 2023 signe donc le retour des belles années, avec un bénéfice de 2,2 milliards d'euros pour un chiffre d'affaires de plus de 52 milliards d'euros. Là aussi, on reconnaît en interne les bienfaits de la stratégie qui a consisté à augmenter les prix et à privilégier la clientèle des particuliers, plus rémunératrice. Avec, à la clé, une marge de près de 8 % que le directeur financier a qualifié de « record ».

Carlos Tavares et Luca de Meo, le boss de Renault, peuvent se frotter les mains. Ils ont réussi leur pari : générer des rentabilités stratosphériques sur le dos de leurs clients. Mais l'assurance d'une profitabilité au plafond en tirant les prix catalogue vers le haut et en privilégiant les automobiles les plus rentables a un défaut majeur. Elle éloigne de plus en plus les consommateurs de leur marché. Au point qu'au début 2024, les nuages s'amoncellent sur les ventes des deux groupes automobiles. Qu'il s'agisse du nouveau Graal, l'électrique, ou des bonnes vieilles voitures thermiques, le cœur des acheteurs de voitures neuves n'y est plus. La hausse des prix est passée par là, pas seulement pour les automobiles neuves.

2

Les vieilles occasions s'arrachent, les autres sont trop chères

Dans ce contexte de hausse vertigineuse des prix du neuf, comment espérer tenir encore un volant ? Deux solutions se sont offertes aux Français ces dernières années : garder son véhicule le plus longtemps possible et, quand celui-ci est vraiment à bout de souffle, s'offrir une occasion pas forcément récente. Résultat des courses : le parc automobile français a pris un sacré coup de vieux. La voiture de monsieur Tout-le-monde avait en moyenne plus de douze ans d'âge en 2023, quatre ans de plus qu'en 2013 ! En dix ans, le vieillissement est spectaculaire et, surtout, il s'est fortement accéléré ces dernières années. C'est un des effets secondaires de la hausse des prix : plus la voiture est chère, plus on la garde longtemps, et quand on la change, on achète prioritairement une vieille automobile. Ce qui n'est pas sans poser un problème, assez paradoxal dans le contexte actuel : en fléchant les Français en direction de l'automobile propre, on contribue au vieillissement du parc, et donc à l'utilisation des automobiles les plus polluantes. Malin, non ?

En l'espèce, les chiffres sont cruels. Sur le parc automobile français, qui comptait 41,6 millions de voitures particulières sur nos routes en 2023 (dont seulement 1,8 million vendues neuves cette année-là), seules 2 % sont des électriques, et 1 % des hybrides rechargeables. En revanche, les diesels tiennent encore, et de très loin, le haut du pavé, avec 21,3 millions d'automobiles en circulation, représentant un peu plus de la majorité du parc, quand les modèles à essence sont au nombre de 16,7 millions.

Le parc automobile français n'en finit pas de vieillir

Deuxième niveau de lecture, l'âge, ou plutôt le grand âge. Quelque 22 millions (53 % du parc entier) d'automobiles circulant sur nos routes ont plus de dix ans d'âge. Et elles sont même 5,3 millions (13 % du total) à dépasser les vingt ans, âge canonique pour une voiture. Plus de vingt ans : on est en deçà de tous les critères respectables en matière d'émissions de particules fines pour les diesels, ou d'émission de carbone..., si l'on considère l'automobile à l'instant *t*, celui où elle roule.

En revanche, en prenant en compte l'intégralité du cycle de vie d'un véhicule, c'est une tout autre histoire. Car construire, puis déconstruire, tout cela coûte très cher en bilan carbone et, plus largement, en impact écologique. C'est ce qu'on appelle « l'énergie grise », celle nécessaire à la fabrication d'une automobile : l'extraction des matières premières – la watture étant le pire en la matière (voir le chapitre 10 : « La lourde dette écologique de la voiture électrique ») –, les aciers, le caoutchouc, l'énergie dépensée pour le transport de toutes ces matières indispensables, pour leur transformation en produits finis, pour le fonctionnement des usines, etc.

Pour autant, et en dehors de toute considération écologique, rouler dans une automobile récente a de quoi séduire. Le look, le confort, la sécurité, les aides à la conduite, les technologies de divertissement sont aussi des critères à mettre dans la balance. Acheter une voiture neuve, sinon récente, reste pour des millions d'automobilistes un idéal, de moins en moins accessible en matière de pouvoir d'achat.

Et si le marché de l'occasion s'oriente vers un vieillissement du parc, c'est parce qu'il s'agit d'une affaire de gros sous. À part les collectionneurs, personne n'achète vraiment une voiture de quinze ans par simple plaisir ou dans une démarche écologique.

Les voitures de plus de 100 000 km plébiscitées

Une vaste étude réalisée en avril 2024 par le site de petites annonces automobiles AutoScout24 révèle ainsi que, dans les recherches réalisées par ses clients, près de 40 % des automobilistes s'intéressent à des voitures au prix inférieur à

15 000 euros. 13 % d'entre eux sont même attirés par des véhicules de moins de 5 000 euros. Et la tendance est aussi forte pour les véhicules âgés au kilométrage particulièrement élevé : près de 50 % des recherches se portent sur des voitures qui affichent plus de 100 000 km au compteur. Pire encore, les véhicules de plus de 200 000 km sont regardées dans 13 % des consultations... Le prix reste le premier critère de recherche et au bout du compte, ce sont les diesels qui remportent la palme des achats, puisqu'ils représentent près de 50 % des achats réalisés par les automobilistes. Quant aux véhicules électriques, ils ne concentrent que 2 % des recherches sur ce site à très large audience...

Enfin, autre signe qui ne trompe pas, les centres de contrôle technique sont de moins en moins fréquentés par les propriétaires des véhicules les plus anciens. Un paradoxe. D'après le baromètre réalisé en avril 2024 par l'association 40 millions d'automobilistes et Autovision, un des principaux réseaux de centres de contrôle, l'âge moyen des véhicules contrôlés rajeunit à grande vitesse. En 2023, les véhicules contrôlés avaient en moyenne 13,4 ans contre 16,8 ans en 2019. Alors même que le parc automobile vieillit chaque année. Cherchez l'erreur !

L'explication est simple : de plus en plus de propriétaires de vieux véhicules ne font plus contrôler leur véhicule, par crainte de devoir faire des réparations dont les prix ont flambé ou, au pire, de voir leur automobile immobilisée. En cas de « défaillance critique », par exemple sur les freins ou la direction, le véhicule peut même être orienté directement à la casse si la panne est irréparable. Bien entendu, ce sont les automobilistes qui ont les budgets les plus restreints qui roulent dans ces véhicules les plus dangereux. Faute de moyens, le plus souvent dans l'impossibilité de racheter une voiture de seconde main, ils sont donc de plus en plus nombreux à préférer courir le risque d'une amende de 135 euros ou, pire encore, d'un accident.

C'est que, dans le domaine de l'occasion, les prix ont explosé. Ils ont logiquement suivi ceux du neuf. Il est rarissime que le journal *L'Argus*, dont la cote de milliers de véhicules d'occasion – tous les modèles existants ! – fait référence dans le monde de la seconde main depuis les années 1930, procède à un réajustement de sa cotation. C'est ce qui s'est produit à la fin de 2022, et dans des proportions inédites.

Flambée de 30 % des prix de l'occasion

À l'origine de cette réévaluation sans précédent, un écart grandissant entre la cote du magazine et la réalité des prix de vente sur le marché. Et pour cause. Comme le mentionne la revue en 2023, au moment de l'annonce du changement de sa cote, les prix de vente des voitures d'occasion ont augmenté d'environ 30 % en deux ans. Là encore, l'accélération est vertigineuse. Une corrélation avec les prix du neuf qui n'a rien de très surprenant : les vendeurs d'occasion se sont alignés sur la valeur des catalogues des constructeurs et, surtout, sur leur stratégie. Dans les années Covid, comme nous l'avons évoqué dans le chapitre précédent, la production s'est concentrée sur les modèles haut de gamme, les plus rentables. En organisant une pénurie sur les voitures populaires, les plus vendues en France, les constructeurs ont mécaniquement orienté les acheteurs sur le marché de l'occasion. Le marché de l'offre et de la demande a fait le reste. Jusqu'à provoquer des aberrations : des véhicules d'occasion très récents vendus au-dessus du prix catalogue…

Les constructeurs font leurs choux gras sur le marché de « l'occase »

Un autre phénomène a tiré les prix vers le haut. Les constructeurs automobiles français n'ont pas voulu rater cette aubaine. Tous ont développé à tour de bras un nouveau concept, celui de l'occasion reconditionnée. Le principe est simple. Les véhicules, avant d'être vendus par ces réseaux parallèles, sont passés au crible, expertisés par des professionnels. On redonne un coup de neuf au moteur, on change les pièces défaillantes, on repeint les carrosseries cabossées : de l'occasion, on fait du quasi neuf. Spoticar, filiale de Stellantis créée en 2019, propose à la vente plus de 40 000 véhicules qui vont des Peugeot aux Citroën, en passant par les autres marques du groupe : Fiat, Opel, Jeep, Abarth. Chez Renault, on a transformé le site historique de Flins, qui a produit sa dernière voiture fin mars 2024 – en l'occurrence une Zoe –, en une usine géante servant à reconditionner les occasions, ce qu'on appelle chez Renault l'économie circulaire. En un peu plus de deux ans, le site a procédé au reconditionnement de 34 000 véhicules, et c'est le réseau Renew qui se charge de les revendre.

L'un des pionniers en la matière, c'est Aramisauto, racheté il y a quelques années par PSA. Ce marché juteux de l'occasion a aussi attiré des vocations de l'étranger : le suisse Emil Frey, troisième réseau de vente d'occasion en Europe, a développé en France Autosphere, avec près de 300 concessions destinées aux véhicules de seconde main. L'allemand Autohero s'est lancé sur le numérique, avec des applications innovantes pour estimer soi-même la qualité des véhicules. Et c'est un concours de beauté : des garanties jusqu'à cinq ans, des « testez quatorze jours votre voiture avant de l'acheter », des offres « satisfait ou remboursé » sous un mois, des crédits en tous genres, des contrats d'entretien et de révision. L'idée : proposer des occasions « sorti d'usine », comme le neuf, avec les services du neuf mais des prix s'approchant du neuf. Car, bien sûr, tout cela à un coût, élevé. Et c'est à l'acheteur de s'en acquitter. Celui-ci paye cher sa tranquillité. Cette pratique, qui a pris une ampleur particulière pendant la pénurie du neuf, a évidemment concouru à tirer vers le haut les prix de vente.

La baisse du pouvoir d'achat fait diminuer les ventes

Comme pour le neuf, la question du pouvoir d'achat a pesé sur les ventes. En l'espace de deux ans, le marché est passé de l'euphorie à la déception. En l'occurrence, d'un record de vente historique en 2021 – quelque 6 millions d'automobiles d'occasion vendues au sortir de la crise de la Covid ! – à 5,3 millions en 2023, volume à peu près stable par rapport à l'année précédente. Signe des temps : les seuls modèles dont les ventes ont continué à progresser fortement sont les plus vieux, ceux dont le prix fait vraiment la différence (+ 13,2 % de hausse des ventes en 2023 pour les automobiles dont l'âge est compris entre vingt et vingt-cinq ans, + 11,6 % pour les plus de vingt-cinq ans).

Flambée du coût des modèles neufs, répercussion de la hausse sur les occasions, cela a bien sûr suffi à entraver l'accession à la voiture. L'estocade est portée par d'autres formes d'inflation qui contribuent à éloigner plus encore les Français de l'automobile : la flambée généralisée des prix de tout ce qui l'entoure.

3

Contre les automobilistes, les autres barrières de l'argent

Un animal traqué. L'automobiliste n'est pas seulement essoré par les constructeurs, son portefeuille est également asséché par tous les coûts qui entourent la possession d'un véhicule. Du crédit à l'assurance, de l'entretien à la réparation, des carburants aux péages d'autoroutes, toutes les dépenses liées à l'automobile ont flambé ces dernières années. En quelque sorte, tout le monde a pris sa part de l'inflation, sauf le conducteur qui, lui, n'a plus qu'un droit, celui de payer plus. Dans certains cas – le stationnement dans de grandes villes par exemple –, l'argent est même devenu un instrument de découragement de l'automobiliste.

Commençons par les crédits. Quand la Banque centrale a décidé très arbitrairement de la hausse des taux d'intérêt directeurs qu'elle administre, au nom de la lutte contre l'inflation, l'impact sur le coût d'achat d'un véhicule a été spectaculaire. Il est loin le temps béni du crédit gratuit : en 2023, au pic de la hausse des taux, la norme était plutôt voisine de 6 % d'intérêt annuel. Ce qui évidemment change tout sur la facture d'achat.

Double peine avec la hausse des taux d'intérêt

C'est la double peine : non seulement le prix des voitures a augmenté, mais celui des crédits a suivi la même pente. Le baromètre des crédits instauré par le site spécialisé Caradisiac, établi en partenariat avec le comparateur Checkmoncredit.fr, relevait ainsi qu'entre début 2022 et mai 2023, en moins d'un an et demi, le taux moyen des prêts pour l'achat d'une automobile est passé de 3,90 % à 5,74 %. Concrètement, cela représente une facture de près de 1 600 euros supplémentaires pour un crédit de 30 000 euros sur soixante-douze mois, ou encore, pour un montant de crédit deux fois inférieur, un surcoût de près de 650 euros. Ce qui vaut pour les crédits vaut plus encore, curieusement, pour les locations avec option d'achat (LOA) ou de longue durée (LLD). Celles-ci sont devenues en quelques années le mode de financement privilégié des acheteurs. Au point que 85 % des « achats » se font désormais de cette façon.

L'engouement a été d'autant plus fort qu'en réalité les constructeurs ne communiquent presque plus que sur le prix de la location, qu'ils ont largement promue dans leurs filiales de financement, le prix d'achat réel des voitures étant soigneusement camouflé (voir le chapitre précédent). C'est par ce biais que les « acheteurs » peuvent donc accéder à des véhicules de plus en plus chers, qu'ils pourraient difficilement se payer « cash » ou à crédit classique. La face cachée de cette méthode est, bien sûr, qu'au bout du compte la seule jouissance d'un véhicule (on ne le possède que de plus en plus rarement) coûte en réalité très cher, beaucoup plus que la possession via un achat classique.

Les acheteurs pris dans les filets de la location de longue durée

Au passage, les LOA ou les LLD permettent aux constructeurs de fidéliser leurs « acheteurs » : au bout de quelques années de location, ils se voient proposer d'obtenir un nouveau véhicule en location, plutôt que de payer des frais souvent exorbitants de reprise. D'autant plus exorbitants qu'il faut souvent y ajouter des factures salées de remise en état de la voiture que l'on a malencontreusement rayée ou cabossée au cours de ces quelques années d'usage... Sans forcément que l'acheteur le sache, il s'agit là de produits financiers qui, eux aussi, ont subi de plein fouet l'impact de la hausse des taux d'intérêt. On a ainsi constaté des loyers en augmentation de 25 à 50 euros par mois pour des véhicules d'entrée ou de milieu de gamme, pour un loyer initial compris entre 200 et 300 euros. Le calcul est simple : de 900 à 1 800 euros de loyer supplémentaire pour une location de trois ans. La somme n'a rien d'anodin. Surtout pour, finalement, ne pas être propriétaire du véhicule.

Face à cette inflation du coût de la location, « l'acheteur » n'a eu guère d'autre choix, ces dernières années, que d'augmenter son budget automobile si cela lui était possible, de baisser la gamme de son véhicule, ou de payer encore plus cher en allongeant la durée de la location. Un choix qui n'est jamais à l'avantage de l'automobiliste.

Autre poste obligatoire : l'assurance. Au plus dur de la flambée inflationniste, Bruno Le Maire, ministre de l'Économie, avait convaincu les assureurs de contenir, pendant quelques mois au moins, la hausse de leurs tarifs pour les contrats automobiles. Au nom de la solidarité nationale. Rassurez-vous, ils se sont rattrapés depuis. En 2024, les contrats annuels ont été réévalués de + 4 % à + 5 % selon les compagnies. Ce rebond fait suite à des années de hausse ininterrompue avant les quelques mois de pause en 2023. Selon les calculs réalisés par le site spécialisé Assurland, qui compile les tarifs de plus de 6 millions de devis d'assurance automobile, entre 2010 et 2020, la hausse des prix a été de 16 %. Largement deux fois plus que l'inflation.

L'envolée des primes est telle que de plus en plus de conducteurs décident de se passer d'assurance. Selon le Fonds de garantie des victimes d'accidents de la route (le FGAO), en seulement cinq ans, de 2017 à 2022, le nombre de conducteurs non assurés et impliqués dans un accident est en hausse de 44 % ! Au total, on estime ainsi que 800 000 automobilistes en France prennent le risque de rouler sans assurance. Raison principale avancée : le coût. Aujourd'hui, la facture moyenne d'une assurance annuelle pour un contrat automobile est proche de 650 euros. C'est que, dans le même temps, comme on l'a vu plus haut, le prix des automobiles n'a cessé de grimper. Ce qui rend plus logique la hausse des coûts de remboursement des compagnies.

Dommage pour l'assuré qui, lui, doit assumer à 100 % l'impact de cette hausse. Car il est rarement question, pour un assureur, d'abaisser ses propres coûts de fonctionnement ou de réduire ses marges… Comme pour les constructeurs automobiles, il suffit d'observer année après année la courbe ascendante des bénéfices des compagnies d'assurance pour constater que l'assureur est rarement le dernier payeur ! Un autre facteur a pesé lourd dans la balance tarifs/remboursements : la facture des réparations. Là encore, la note est de plus en plus douloureuse.

La facture de plus en plus salée des réparations

Pour la seule année 2023, selon l'association SRA (Sécurité et réparation automobiles), dont font partie toutes les compagnies d'assurance automobile et qui examine à la loupe des centaines de données, du prix des pièces aux coûts de la main-d'œuvre, la facture moyenne des réparations a brutalement augmenté depuis 2019. La hausse est même spectaculaire. Jugez-en : entre 2019 et 2023, le prix des réparations dans les garages et les concessions automobiles en France s'est envolé de 26,2 %.

Les experts de SRA sont entrés dans le détail. Et cela fait peur. Sur cette durée, le prix des pièces facturées par les constructeurs s'est accru de 30 %, un bond près de trois fois supérieur à la hausse générale calculée par l'Insee. Dans le même temps, le coût de la main-d'œuvre s'envole de 21,5 %. On parle là des tarifs horaires et du nombre d'heures d'intervention facturés chez les garagistes ou dans les concessions, ce qui n'a évidemment rien à voir avec les rémunérations des employés. Cela se saurait si leurs salaires avaient augmenté de 21,5 % en quatre ans…

En somme, les constructeurs ont fait feu de tout bois. Non seulement le tarif catalogue des véhicules qu'ils commercialisent a flambé depuis dix ans, mais ils ont appliqué les mêmes taux de progression sur les pièces détachées et les services qu'ils proposent au prix fort. « Qui, mieux que Renault peut entretenir votre Renault ? » : pas étonnant qu'à coups de slogans publicitaires comme celui-ci, martelés à longueur de journée sur les ondes de radio, les groupes automobiles cherchent à assurer l'entretien des véhicules. La pratique est devenue, au fil des années, une source de revenus considérables.

Alors bien sûr, il nous sera expliqué que l'avancée technologique des automobiles, tant en matière de sécurité que de services à l'automobiliste, est largement responsable de ces hausses de prix. L'intelligence toute nouvelle de la voiture coûte cher. Sauf que… compte tenu du vieillissement du parc automobile français, on répare de plus en plus des voitures de plus en plus âgées. En 2023, toujours selon les chiffres de SRA, 75 %

des véhicules réparés avaient plus de six ans. Le taux des véhicules de dix ans et plus en réparation atteint même un record : plus de 30 %. Une automobile sur trois ! Et ce taux augmente régulièrement. Voilà qui bat en brèche l'argumentation de la modernité.

Coup de bambou à plus de 2 euros sur le prix des carburants

Puisqu'il faut continuer à parler des sujets qui fâchent, une dépense a crevé le fond du portefeuille des automobilistes. Les carburants. Le litre d'essence ou de gazole à 2 euros, voire plus ? Inimaginable il y a quelques années encore, une réalité depuis février 2022. Le 24 de ce mois de sinistre mémoire, la Russie a envahi l'Ukraine. C'est le début d'une flambée des prix de l'énergie qui aura d'ailleurs rapporté beaucoup d'argent à la Russie. Des dizaines de milliards de dollars. L'impact sur les prix des carburants à la pompe ne se fait pas attendre. Un mois plus tard, la barre des 2 euros le litre est dépassée, à la fois pour l'essence et le diesel. Du jamais vu en France.

Depuis, les prix des carburants n'ont guère baissé : le seuil des 2 euros est à nouveau atteint en septembre 2023 et en début d'année 2024, les tarifs étaient encore de l'ordre de 1,80 euro. Il y a dix ans, on faisait un plein de 50 litres d'essence pour 63 euros environ, et pour 55 euros au diesel. Début 2024, il fallait compter 90 euros pour le même plein, presque autant d'ailleurs pour le diesel que pour l'essence, et plus de 100 euros au pire de la crise. Pour un automobiliste qui roule dans la moyenne nationale (environ 13 000 km par an) dans un véhicule à la consommation raisonnable (6 litres aux 100 km) l'impact sur la facture est considérable : un peu moins de 1 500 euros début 2024 pour la consommation annuelle, contre un peu plus de 900 euros il y a dix ans. Un bond de 50 %. Une majoration insupportable pour les ménages aux revenus les plus modestes.

La crainte du retour des Gilets jaunes

On se rappelle d'ailleurs que c'est l'instauration d'une nouvelle taxe carbone et une nouvelle hausse des prix du diesel qui a allumé la mèche de la crise des Gilets jaunes en 2018. Le 17 novembre de cette année-là, plus de 300 000 personnes ajustent un gilet jaune pour manifester sur les ronds-points. Un mois plus tard, Édouard Philippe, le Premier ministre d'alors, suspend la hausse des prix des carburants pour six mois. Le gouvernement renoncera finalement à la courbe ascendante de la taxe carbone. L'alignement progressif de la fiscalité du diesel sur celle de l'essence, décidé en 2016, et qui a abouti fin 2018 à un prix du premier plus élevé que celui du second, sera finalement abandonné. Mais, dans les sphères politiques, on n'a pas oublié ce coup de semonce : à trop jouer avec le pouvoir d'achat des Français, on prend le risque de la révolte.

C'est pour cette raison que le gouvernement a pris garde, au cœur de la crise énergétique de la guerre contre l'Ukraine, de contenir la flambée du prix de l'énergie. À coup de ristournes sur les carburants – sans pour autant renier la fiscalité qui représente toujours 60 % du prix d'un litre d'essence ! – ou de boucliers anti-inflation pour contenir les factures de l'électricité dans des hausses à peu près raisonnables, Emmanuel Macron a pu contenir la grogne sociale.

C'est aussi pour cette raison que le gouvernement a enjoint les concessionnaires d'autoroutes de calmer leurs velléités d'augmentation du coût des péages. En novembre 2023, le ministre des Transports d'alors, Clément Beaune, avait promis une hausse « inférieure à 3 % », contre plus de 4,7 % l'année précédente. Le succès est pour le moins mitigé. Certes, les réseaux les plus anciens, ceux dont les coûts sont amortis depuis longtemps, ont plutôt joué le jeu, avec des hausses contenues autour de 3 %. En revanche, pour les réseaux ou les ouvrages plus récents, la main a été bien plus lourde : + 5,4 % pour l'A150 entre Rouen et Le Havre, + 5,8 % pour le viaduc de Millau, ou encore une hausse de près de 4,8 % pour le très fréquenté tunnel Duplex A86 en région parisienne.

+ 36 % en dix ans pour les péages des « jeunes » autoroutes

Une déconnexion constatée sur le plus long terme : en dix ans, la hausse moyenne des péages des réseaux historiques a atteint 17 %, ce qui est déjà beaucoup. Mais pour les réseaux plus récents, ceux construits dans les années 2000, l'envolée moyenne est de + 36 % ! Au grand bénéfice des actionnaires. Depuis leur privatisation en 2006, les sociétés d'autoroutes ont distribué 30 milliards de dividendes à leurs nouveaux propriétaires, un scandale financier régulièrement dénoncé par les politiques de tout bord. Même la Cour des comptes s'est élevée, en 2019, contre les modalités, jugées trop favorables aux concessionnaires du prolongement des concessions autoroutières concédé par l'État, en échange de travaux qui n'avaient pas été prévus lors des privatisations décidées en 2005 par le Premier ministre de l'époque, Dominique de Villepin.

Maigre consolation pour les comptes de l'État, en 2020, 2021, puis 2023, le gouvernement a imposé une « contribution volontaire exceptionnelle » prélevée sur les comptes des sociétés concessionnaires au profit de travaux d'infrastructure. Les grands autoroutiers, qui contestaient ces prélèvements devant la justice administrative – le litige portait sur 188 millions d'euros, une paille quand on compare ce montant aux bénéfices plantureux de ces grands groupes –, ont été déboutés début 2024 de leur recours contre l'État.

Aux côtés de cette lourde inflation subie dans tous les postes du budget des automobilistes, une autre catégorie dans la folie des prix qui augmentent : les hausses punitives. Celles qui sont sciemment mises en œuvre pour décourager les automobilistes.

4

La main de plus en plus lourde des malus écologiques

L'une des mesures négatives les plus spectaculaires est le malus écologique. Instauré dès 2008, il pénalise financièrement l'achat d'un véhicule en fonction de son taux d'émission de CO_2. Mais s'il est relativement indolore lors de son instauration – le malus se déclenche à partir de 160 g d'émission de CO_2 au kilomètre et ne peut dépasser la somme déjà considérable de 1 600 euros –, les conditions de son application n'ont cessé d'être élargies. En 2024, son seuil de déclenchement est drastiquement abaissé à 118 g de CO_2 et, surtout, le malus prend des proportions inédites : la dernière tranche du barème s'élève à 60 000 euros pour les véhicules émettant au-delà de 193 g de CO_2 au kilomètre. Pour mémoire, en 2008, le montant maximum s'appliquait aux véhicules émettant au-delà de 250 g de CO_2 au kilomètre. Autre nouveauté particulièrement douloureuse pour les acheteurs : alors que le montant maximum du malus ne pouvait excéder 50 % du prix du véhicule, cette dernière barrière a sauté en 2024. On en vient à un paradoxe : s'il vous vient à l'idée d'acheter une Ford Mustang, les 60 000 euros de malus à acquitter sont supérieurs au prix catalogue du bolide américain ! Et ce n'est pas la seule voiture sportive à se retrouver dans cette situation.

Certes, ces cas sont extrêmes, mais il n'en demeure pas moins que la mise en œuvre des malus a contribué à enchérir de façon significative le prix de dizaines de modèles d'automobiles familiales. Des milliers d'euros, donc, qui se rajoutent à des prix catalogue de ces véhicules déjà largement augmentés par les constructeurs.

La douloureuse innovation des malus au poids

Comme si les émissions de CO_2 ne suffisaient pas, les gouvernements d'Emmanuel Macron ont trouvé une autre façon de taxer l'achat d'une voiture neuve : le malus au poids ! C'est la Convention citoyenne pour le climat de 2019, une belle invention du président Macron en réponse à la crise des Gilets jaunes, qui en a eu la drôle d'idée. Des 149 propositions émises par les 150 citoyens (une par personne !) dans l'objectif d'une baisse d'au moins 40 % des émissions de gaz à effet de serre à l'horizon 2030 par rapport à 1990, il y en a une, entre autres, qui a retenu l'attention du gouvernement : instaurer un malus au poids pour les véhicules dépassant 1,8 tonne. L'idée : pénaliser les acheteurs d'automobiles les plus lourdes, censées être celles qui émettent le plus de CO_2 (comme si le malus écologique de 2008, revisité à la hausse chaque année, ne donnait pas une mesure précise de ces émissions...).

La loi d'orientation des mobilités de décembre 2019 (qui instaure notamment les zones à faible émission, nous aurons l'occasion d'y revenir) met donc en place une taxe au kilogramme. En l'occurrence dix euros par kilogramme excédentaire au-delà d'une masse totale en ordre de marche de 1 800 kg. Les citoyens de la convention auraient voulu fixer le seuil à 1 400 kg, mais on s'est vite aperçu que la mesure allait pénaliser une flopée de voitures familiales françaises. Inenvisageable ! D'ailleurs le texte final sera assorti de mesures dérogatoires, à la complexité bien hexagonale, comme l'abattement de 200 kg par mineur pour une famille nombreuse... Cela n'empêchera pas le législateur d'alourdir significativement le malus en 2024, en abaissant la limite de poids à 1 600 kg, avec une nouveauté : la taxe va crescendo en fonction du poids du véhicule – 10 euros par kilogramme jusqu'à 1,799 kg, puis 15 euros jusqu'à 1,899 kg, et ainsi de suite jusqu'à un malus à 30 euros le kilogramme pour les véhicules dépassant 2,1 tonnes... Soyons simples !

La mairie de Paris invente la taxe aux véhicules... à l'arrêt !

Malus écologique, taxe au poids..., toutes ces mesures coercitives visent à punir fiscalement l'achat de véhicules neufs s'ils ne sont pas hybrides ou électriques, véhicules dont la vocation est, bien sûr, de rouler. C'était sans compter sans l'inventivité des plus fanatiques de nos élus. Dans sa lutte incendiaire contre l'automobile, les édiles de Paris ont trouvé la martingale infernale, la taxe au poids qui touche les véhicules... à l'arrêt. Il fallait le faire. En ce dimanche 4 février 2024, 42 000 Parisiens, sur 1,3 million de personnes inscrites sur les listes électorales de la capitale, ont répondu « pour » à la question parfaitement orientée : « Pour ou contre la création d'un tarif spécifique pour le stationnement des voitures individuelles lourdes, encombrantes, polluantes ? » S'ils avaient ajouté à sa formulation : « qui sentent mauvais et écrasent les petits enfants », les élus parisiens auraient-ils rallié plus de suffrages ? Pas sûr.

Dans les faits, 95 % des inscrits à Paris n'ont donc pas souhaité participer à cette mascarade. Ce qui n'a pas empêché la mise en œuvre, *illico presto*, de cette mesure comminatoire : dès septembre 2024, il en coûtera 18 euros pour une heure de stationnement dans la capitale (contre 6 euros précédemment), ou 117 euros pour quatre heures (contre 39 euros), aux malheureux propriétaires de véhicules thermiques ou hybrides dont le poids dépasse 1,6 tonne. Même les propriétaires de véhicules électriques, pour peu qu'ils dépassent un poids de deux tonnes (ce qui arrive vite compte quand on embarque une batterie), sont concernés. Encore faudra-t-il que la préfecture de Paris, qui détient le fichier des cartes grises nécessaire à la mise en œuvre de la verbalisation, accède à la demande de la Ville de Paris.

Avec ce référendum fantôme, la mairie de Paris franchit donc une nouvelle étape dans son processus d'exclusion de la voiture dans la capitale. La pratique du découragement dans le stationnement n'est pas nouvelle. Déjà, en 2021, la ville a pratiqué une première sélection par le prix, en augmentant le tarif visiteur de 50 % dans le centre de Paris, et de 67 % dans les arrondissements périphériques. Même le stationnement dans les bois de Vincennes et de Boulogne est devenu payant. Pour faire bonne mesure, le prix des amendes a bien sûr suivi, avec une augmentation à due proportion : 75 euros dans le centre, 50 euros dans les arrondissements alentour. De quoi décourager les amis banlieusards à qui viendrait l'idée saugrenue de venir travailler à Paris, ou les provinciaux animés par la subtile intention de visiter la capitale en voiture.

La chasse au stationnement se généralise

Cela dit, si la Ville de Paris pousse à son paroxysme l'exclusion par l'argent des automobilistes des rues de la capitale, nombre d'agglomérations en France y vont aussi de leurs tarifs de stationnements assassins. Au premier chef, les élus écologistes, mais pas seulement. À Lyon, par exemple, la taxe au poids est également en passe de devenir la règle (la barre étant fixée, histoire de faire simple, à 1,725 kg pour une thermique), qu'il s'agisse du stationnement à l'heure ou au mois. Pour ces SUV, il faudra payer le prix fort. S'y ajoutent deux autres catégories : les véhicules « standards » et les véhicules électriques ou moins lourds, comme les Twingo et les Fiat 500. C'est la lecture de la plaque automobile par les services municipaux qui déterminera la catégorie à laquelle appartient tel ou tel véhicule... Bon courage.

Même punition à Bordeaux, en phase d'instauration d'une taxe alourdie au SUV. À Grenoble, après une hausse de 25 % des tarifs en un an, la ville se place dans les premières du classement des villes de France où stationner devient le plus cher. À Strasbourg, en 2023, le prix du stationnement est devenu progressif pour les résidents, en fonction du revenu fiscal ! Quant au stationnement à l'heure, il a flambé en « zone rouge », dans les quartiers centraux de la capitale régionale. Au point que ces nouveaux tarifs ont provoqué une envolée inédite du prix des parkings privés. À Marseille, la surtaxe au stationnement des SUV était réclamée, début 2024, par le groupe Écologiste et pluriel-s.

On l'a compris, la chasse aux automobilistes bat son plein dans les villes françaises. Selon les données de Yespark, calculées sur la base des 65 000 places que gère l'entreprise dans 3 000 parkings, le prix du stationnement a augmenté en moyenne de 6 % en 2023, après une hausse de déjà 4 % l'année précédente.

Là encore, il s'agit de dépenses qui s'ajoutent au budget global consacré à la voiture. En 2021, l'Insee considérait dans sa dernière étude sur le sujet que les Français dépensaient 3 800 euros par an pour leur budget automobile, soit plus de 80 % du budget global consacré aux transports. Et, en l'occurrence, 11 % de leurs revenus disponibles, ce qui est déjà considérable. Mais cette analyse est fondée sur les chiffres statistiques de 2017 ! Avant donc la flambée inflationniste que nous venons de décrire. Il y a fort à parier qu'à l'occasion de sa prochaine étude ce pourcentage aura fortement augmenté.

Voilà, en quelque sorte, le prix payé par les citoyens pour leur exclusion de l'automobile... Mais la coercition n'est pas que pécuniaire. Ces dernières années, les autorités ont rivalisé d'ingéniosité pour chercher à convaincre les Français, par la force, de rouler moins.

5

Interdiction de séjour dans les zones à faibles émissions

C'est sans doute la décision la plus folle prise par les 150 citoyens de la Convention citoyenne pour le climat, puis traduite dans la loi d'orientation des mobilités (LOM) publiée au *Journal officiel* du 26 décembre 2019. Un joli cadeau de Noël pour les 17 millions d'habitants des 23 agglomérations qui devront mettre en œuvre des restrictions de circulation drastiques pour des millions de véhicules, les fameuses zones à faibles émissions (ZFE). Pas avare de surenchère, le gouvernement va renforcer significativement la portée de ce texte, avec une nouvelle écriture, la loi climat et résilience, cette fois publiée dans la chaude nonchalance du mois d'août 2021.

Avec ce texte, les ZFE sont étendues aux agglomérations de plus de 150 000 habitants, ce qui porte le total à 43 zones à faibles émissions. Les ZFE ne sont pas cantonnées aux grandes métropoles comme Paris, Lyon ou Aix-Marseille. En voici la liste exhaustive : Rouen, Reims, Strasbourg, Saint-Étienne, Grenoble,

Toulouse, Montpellier, Nice, Lille, Dunkerque, Béthune, Valenciennes, Douai-Lens, Amiens, Le Havre, Caen, Metz, Nancy, Brest, Rennes, Le Mans, Mulhouse, Saint-Nazaire, Nantes, Angers, Tours, Orléans, Limoges, Bordeaux, Bayonne, Pau, Perpignan, Nîmes, Avignon, Toulon, Chambéry, Annecy, Annemasse, Dijon, Clermont-Ferrand.

Pour la plupart, donc, des agglomérations modestes, dont les habitants n'ont jamais imaginé une seconde qu'il leur serait bientôt interdit de rouler dans leur ville. Des communes qui, à compter du 1er janvier 2025, devront bannir de leurs voies de circulation tous les véhicules à partir de la vignette Crit'Air 3, en l'occurrence les véhicules à essence immatriculés avant 2006 et les véhicules diesel d'avant 2011. Quand on sait que le parc moyen automobile français a douze ans d'âge, ce sont des millions de véhicules qui, du jour au lendemain, se voient interdits à la circulation.

16 millions d'automobiles menacées d'exclusion des centres-villes en 2025

Ce que prévoient les textes de loi de 2019 et de 2021, c'est tout simplement, en moins de quatre ans, d'exclure des agglomérations concernées – et pas seulement des centres-villes – 14 millions d'automobiles, sur un parc de l'ordre de 41 millions en France. Plus de 40 % des véhicules et un peu moins de 40 % de la population française sont donc concernés. Une folie, dont les

Français n'ont absolument pas conscience. Pire encore, cette interdiction va toucher les ménages les plus modestes : les ZFE deviennent *de facto* des « zones à forte exclusion » sociale. Comme le rappelle une mission parlementaire de 2022, d'après l'enquête « Mobilité des personnes » de l'Insee, en 2019, « 38 % des ménages les plus pauvres ont un véhicule classé Crit'Air 4 ou 5. Seuls 10 % des ménages les plus riches possèdent ce type de véhicule. La fracture sociale est aussi spatiale, puisque ce sont les communes rurales ainsi que les plus petites aires urbaines qui comptent plus fréquemment des véhicules classés 4 ou 5 par rapport aux zones les plus denses ». Ce sont ces ruraux à qui on interdira de se rendre dans la ville voisine. Sympa.

L'Île-de-France est bien sûr concernée. L'Observatoire Cetelem, qui fait référence en matière d'analyse sur l'automobile, a fait ses calculs : pour la seule région parisienne, 600 000 voitures particulières et 50 000 utilitaires légers vont se voir interdire de circuler dans le Grand Paris, c'est-à-dire, en gros, dans la gigantesque zone à l'intérieur de l'A86. Ces véhicules sont concentrés dans le nord-est et le sud-est de la capitale, en l'occurrence les zones à plus faibles revenus. Il se trouve par ailleurs que ces véhicules anciens « constituent 52 % des flottes de petites entreprises, mais 7 % seulement de celles des grandes ». Les cadres des grands sièges sociaux seront donc épargnés, mais pas les artisans ni les petits commerçants de banlieue. On a vu mieux comme principe d'égalité sociale.

Le risque d'une gigantesque cacophonie

Au principe général s'ajoute une gigantesque cacophonie. Car les textes prévoient qu'il revient aux agglomérations de fixer elles-mêmes leurs règles d'exclusion. À chacun sa sauce d'accompagnement de la loi, avec ses contraintes et ses dérogations possibles. Quelques exemples édifiants. À Reims, par exemple, seront autorisés les véhicules « utilisés dans le cadre d'événements ou manifestations de type festif, économique, sportif ou culturel » ou « dans le cadre de tournages cinématographiques », tout comme, on comprend bien pourquoi, les véhicules « servant au transport de raisins au cours des vendanges vers un pressoir situé dans la ZFE ». Logique. À Rouen, « les personnes qui souffrent de maladie longue durée avec une obligation de rendez-vous médicaux et traitements réguliers peuvent circuler librement dans la ZFE ». Ce qui signifie que, en sens inverse – si l'on peut dire –, les malades de « courte durée » sont tenus de rester chez eux…

À Strasbourg, seront autorisés à rouler les « véhicules dont le propriétaire peut justifier de l'achat de véhicules de remplacement avec un délai de livraison important » – on se demande qui va vérifier le bon de commande ! À Toulouse, on est bon prince : « Les voitures interdites de ZFE peuvent obtenir une dérogation, 52 jours par an ». Quelle drôle d'idée que cette largesse. Il faut aussi compter avec certaines aberrations. À Reims par exemple, l'autoroute gratuite qui traverse la ville est censée être concernée par la ZFE. Ce qui veut dire que, pour les véhicules ciblés, il faudra en sortir, puis faire un détour de plusieurs kilomètres, dans une zone d'habitations dense, pour enfin pouvoir reprendre son axe rapide plus loin... Tout cela au nom de l'écologie. Prenons l'exemple de la Corse, qui a la chance de ne pas être dans le collimateur de la loi, compte tenu de la taille modeste des agglomérations de Bastia ou d'Ajaccio. Mais que se passera-t-il pour le voyageur désireux de se rendre sur le continent avec son automobile ? Se verra-t-il interdire son débarquement dans les trois ZFE que sont Marseille, Nice et Toulon ?

Autre étrangeté : certaines villes, comme Drancy en région parisienne, se retrouvent coupées en deux, avec une partie en ZFE et l'autre, au-delà de l'A86, à circulation libre... À Paris, il faudra tenir compte des horaires : on peut circuler librement avant 8 heures et après 20 heures. Et ces règles, bien sûr, évoluent au fil du temps.

Situation ubuesque pour les bus et les ramassages scolaires

On a bien compris que les ZFE ont pour vocation d'inciter les habitants à utiliser les transports en commun... Et là, Ubu est de retour. Car pour les bus et les cars, dont la durée de vie moyenne est de l'ordre de quinze ans, il y aura aussi de sévères restrictions de circulation. Avec, bien sûr, de fortes différences d'une agglomération à l'autre. Il se trouve qu'en France seuls

20 % des bus roulent au gaz, et un petit 5 %, au mieux, sont électriques. Quand on sait qu'un bus au gaz coûte près de 300 000 euros et qu'un électrique se négocie à plus de 370 000 euros, il va falloir, dans bien des villes, engager des dépenses somptuaires, quand ce sera possible. Quant aux cars, ceux qui assurent l'essentiel des sorties scolaires et du ramassage des enfants des périphéries, c'est mission impossible : 99,5 % d'entre eux roulent au diesel. Compte tenu de leur durée d'usage, un bon tiers d'entre eux sont en dehors des clous. Un vrai casse-tête écologique. En réalité, on marche sur la tête.

Voilà, donc, ce que prévoient les textes de 2019 et 2021. Le meilleur est pour la fin : pour qu'une ZFE soit efficace, il faudra bien la contrôler. Et punir les contrevenants. Que prévoit la loi ? Des amendes, de 68 euros pour les automobiles et les deux-roues, à 135 euros pour les véhicules lourds comme les camions ou les bus. Comment verbaliser ? Par des contrôles automatiques, via des caméras installées à la frontière des ZFE, censées repérer les contrevenants et leur adresser automatiquement l'amende qui les concerne. Dans les zones où les ZFE sont concrètement en place, comme à Paris, la verbalisation automatique est chaque année repoussée. En réalité, personne de censé ne veut franchir le pas, en tout cas pas les préfets de police. Le mot d'ordre général est la pédagogie, et, à quelques contrôles près réalisés à la volée, le principe risque fort de s'inscrire dans la durée.

Le Grand Paris se trouve de bonnes raisons pour repousser la date fatale

Le défaut de verbalisation est d'ailleurs l'une des raisons mises en avant par les élus pionniers dans la mise en place des principes de restrictions de circulation, mais qui ont repoussé continuellement le durcissement de ces restrictions. Le Grand Paris en est l'exemple parfait. L'agglomération géante – 7,2 millions d'habitants concernés, 131 communes franciliennes dont Paris et sa périphérie – qui s'est voulue à l'avant-garde en la matière puisque la première ZFE y a été créée en 2015, puis durcie après l'interdiction à la circulation des véhicules non classés et des Crit'Air 5 en juillet 2019, puis aux Crit'Air 4 en juin 2021... Le couperet final, à savoir l'interdiction de circuler pour les 380 000 automobiles classées Crit'Air 3 – les véhicules à essence immatriculés avant le 1er janvier 2006 et les diesels d'avant 2011 –, avait été initialement prévu pour juillet 2022, donc bien avant la limite prévue par la loi climat et résilience. Une façon de montrer l'exemple.

Mais finalement, la date fatale a été repoussée au 1er janvier 2025, à l'échéance prévue par les textes légaux et après les Jeux olympiques. Motif invoqué par les édiles du Grand Paris : la procrastination du gouvernement sur les deux sujets majeurs que sont l'absence de verbalisation évoquée plus haut et le peu d'empressement à mettre en place les mesures d'accompagnement financier prévues pour aider les automobilistes à passer le cap des interdictions de circuler.

De fait, il aura fallu attendre avril 2022 pour que soit enfin publié au *Journal officiel* le décret autorisant le principe d'un prêt à taux zéro lié aux zones à faibles émissions, le PTZ-m (prêt à taux zéro mobilité), à compter du 1er janvier 2023 et pour une période probatoire de deux ans. Qui plus est, ce prêt est loin de répondre aux attentes des élus : il exclut tous les véhicules thermiques, même les moins polluants – seuls les hybrides rechargeables et les wattures 100 % électriques sont éligibles. À cela s'ajoute que son montant ne peut aller au-delà de 30 000 euros (10 000 euros pour les voitures en location), qu'il n'est attribué que sous conditions de ressources – moins de 14 000 euros de revenu fiscal par part –, et qu'il reste interdit aux entreprises de plus de dix salariés. Autant dire que sa portée réelle est très limitée.

Mais si quelques maires, les plus investis dans leur mission d'une écologie punitive, sont sincères dans leur regret que les couperets des interdictions de circuler ne tombent pas plus vite, la plupart des édiles ont une approche beaucoup plus réaliste et prudente. Les ZFE font planer une menace de rébellion populaire, de plus en plus palpable au fil des mois.

Le cuisant souvenir de la révolte bretonne des Bonnets rouges

Des élus locaux à la tête de l'État, en passant par les ministres, il n'y a pas que la crise des Gilets jaunes de 2018 qui se rappelle au bon souvenir politique. Dans les salons dorés, on n'a pas oublié la révolte des Bonnets rouges. À l'automne 2013, il y a plus de dix ans, des patrons, des transporteurs, des salariés de l'agroalimentaire et des agriculteurs, sans distinction de classe sociale, se sont opposés pendant plusieurs semaines au projet d'écotaxe, une redevance kilométrique qui ciblait les camions de façon automatique, prélevée par des radars et des portiques sur les routes gratuites, et donc sur les voies express bretonnes. Un projet issu du Grenelle de l'environnement initié sous Nicolas Sarkozy et mis en œuvre par le gouvernement de Jean-Marc Ayrault. Ils étaient des milliers à arborer un bonnet rouge, gracieusement offert par la société Armor-Lux, en souvenir des paysans bigoudens qui, au XVIIe siècle, s'étaient soulevés contre la levée de nouvelles taxes. Le mouvement de protestation a rapidement gagné la France entière, et nul n'a oublié, dans les sphères de l'État, la cinquantaine de radars en feu et les cinq portiques écotaxes détruits. Le retrait du projet de taxation, entre les destructions matérielles, le dédommagement de l'entreprise chargée de lever l'impôt, et le manque à gagner fiscal, aura coûté plus de 6 milliards d'euros. Personne n'a envie de réitérer l'exploit.

Les élus désamorcent la bombe sociale

Cette fois, le principe de précaution l'emporte. Avec les ZFE, les élus de terrain ont vite compris que la double loi était en train d'amorcer, tranquillement, mais sûrement, l'explosion d'une bombe sociale sans précédent. Tous les sondages d'opinion ont démontré d'abord la méconnaissance générale (plus de 60 % des Français) de la mise en œuvre de ces zones d'interdiction de circuler, et ensuite, pour ceux qui en connaissaient l'existence, le refus d'en accepter le principe. Dans une enquête récente réalisée par l'institut OpinionWay pour le spécialiste des voitures d'occasion Aramisauto, 42 % des personnes interrogées se sont déclarées déterminées à braver les interdictions de circuler. Comment imaginer en effet que, du jour au lendemain, il devienne impossible à des millions de Français de circuler librement dans le lieu de leur habitat ? Surtout quand la seule façon de surmonter l'interdiction, en l'occurrence l'achat de véhicules autorisés, électriques ou pas, est financièrement hors de portée pour la majorité des ménages concernés. Alors même que les coups de pouce financiers supposés les y aider sont réduits à leur plus maigre enveloppe, en ces temps de quasi-faillite des comptes publics. Alors même, enfin, que les transports publics, censés prendre le relais, sont au bord de l'apoplexie, ou notoirement insuffisants, dans nombre de ces grandes agglomérations.

L'inquiétude des élus, à l'écoute de la grogne montante de leurs administrés, a manifestement produit ses effets. Le gouvernement invente en urgence un comité ministériel chargé d'étudier au plus près le déploiement des zones à faibles émissions, et nomme un coordinateur national. Le deuxième comité se tient en juillet 2023, et là, dans la plus grande discrétion, l'enterrement progressif des ZFE est acté. Christophe Béchu, ministre de la Transition écologique, annonce à cette occasion que seules cinq métropoles restent concernées par le calendrier de durcissement des restrictions mis en place par la loi climat et résilience : Lyon, Aix-Marseille, Paris, Rouen et Strasbourg. Toutes ont d'ailleurs déjà mis en place des restrictions de circulation. « L'objectif n'est pas d'ennuyer des Français ni de faire des mesures anti-pauvres, mais d'en finir avec le nombre de morts de la pollution de l'air qui est encore de 47 000 par an », précise le ministre. Il faut croire que la première partie de cette conviction s'est encore renforcée au fil des mois puisque, au terme d'un nouveau comité réuni en mars 2024, cette fois ce sont Aix-Marseille, Rouen et Strasbourg qui sont libérées de toute obligation de poursuivre le déploiement des interdictions de circuler des véhicules les plus polluants. Seules les agglomérations de Paris et Lyon demeurent en première ligne.

Le miracle écologique qui autorise à nouveau à rouler librement

Par quel miracle est-on passé de l'obligation absolue d'en finir avec les 47 000 morts par an

– chiffre par ailleurs largement contesté – au retour à la liberté de circulation ? On est loin, très loin, de « la dynamique irréversible » évoquée par Élisabeth Borne en 2018. Tenez-vous bien : le miracle est écologique ! Si les ZFE sont progressivement transformées en « territoire de vigilance », leur nouvelle appellation, c'est que tout va beaucoup mieux sur le plan de la qualité de l'air. Sur les 43 agglomérations ciblées par les ZFE, toutes, à l'exception des deux grandes zones urbaines de Lyon et Paris, enregistrent une forte amélioration en matière d'émissions de dioxyde d'azote (NO_2), ce gaz nocif émis, entre autres, par le trafic routier.

Ces villes ne sont en effet plus concernées par des « dépassements réguliers », au moins trois années sur les cinq dernières, des seuils réglementaires d'émissions de NO_2. Quinze métropoles étaient hors des clous en 2016, elles ne sont plus que deux. On ne peut, évidemment, que se féliciter de cette évolution favorable de la qualité de l'air. Même si, bien sûr, les villes en question restent sous surveillance. Au passage, elle prouve que les efforts réalisés ces dernières années par les constructeurs automobiles pour se conformer aux nouvelles normes d'émissions ont été payants. L'amélioration de la qualité de l'air aura donc une autre vertu, celle d'éliminer le risque d'une explosion sociale, au grand soulagement des élus des villes concernées. Du moins ceux qui n'ont pas une conception punitive de l'écologie.

6

Et pourtant, les Français ont besoin de leur voiture

La voiture est donc devenue un luxe inaccessible pour l'immense majorité des Français, ceux de la classe moyenne. Et tout est fait pour en décourager l'utilisation. Comme si, d'une certaine façon, son usage relevait d'un caprice. Et pourtant... Tous les dix ans, l'Insee se livre à une enquête très fouillée, reposant sur des milliers de données et des entretiens réalisés en face à face, l'enquête « Mobilité des personnes ». Il se trouve que la dernière en date, publiée en 2021 sur la base de données recueillies en 2019, donne une photographie très complète de la façon dont les Français se déplacent au quotidien, mais aussi pour leurs loisirs, quel que soit leur mode de transport.

Cela ne surprendra personne, en tout cas pas ceux qui savent comment vivent les Français au quotidien : la voiture est reine ! Sur les 181 millions de déplacements locaux effectués chaque jour en France du lundi au vendredi, 114 millions (62,8 %) le sont en voiture, un chiffre en apparente légère baisse par rapport à la précédente enquête de 2008. Le deuxième mode de transport est la marche à pied (23,7 % des déplacements), les transports en commun ne représentant qu'un peu plus de 9 % des trajets. Quant au vélo, plébiscité dans tous les discours verts, il ne représente qu'un maigre 2,7 % des déplacements. Et malgré les multiples incitations à rouler à bicyclette, notamment les conséquentes aides financières allouées à l'achat d'un vélo, son usage est resté parfaitement stable par rapport à 2008.

De plus en plus de kilomètres parcourus au volant

En ce qui concerne la voiture, toujours au niveau de l'ensemble de la population française, si le nombre de déplacements baisse légèrement, en revanche, deux indicateurs montrent que son usage reste très ancré dans le quotidien des Français. Le nombre de kilomètres effectués à bord d'une automobile s'est accru de 9 % depuis 2008, pour atteindre 1,3 milliard de kilomètres parcourus chaque jour. C'est évidemment considérable. De la même manière, le temps moyen des trajets augmente. En semaine, les Français prennent leur véhicule trois fois par jour et restent au volant 19 minutes en moyenne à chaque trajet, 3 minutes de plus qu'en 2008.

Les chiffres sont austères, sans saveur. Mais ils traduisent une réalité profonde. Si les Français utilisent leur voiture, ce n'est pas par plaisir. L'usage quotidien est concentré sur quatre facteurs clés : aller au travail, bien sûr, et c'est l'essentiel (près de 90 % de l'usage !), mais aussi, en deuxième position, se faire soigner et accomplir des tâches administratives, puis faire les courses du quotidien et enfin accompagner les enfants à l'école. D'ailleurs, le temps d'utilisation de la voiture le week-end est bien moindre qu'en semaine : 55 minutes le samedi et 45 minutes le dimanche.

Que se passe-t-il quand il prend aux Français l'envie de voyager, au-delà de l'utilisation hebdomadaire ? Eh bien, là encore, la voiture demeure le moyen de transport plébiscité, avec 72,4 % des voyages en 2019, en l'occurrence 270 millions de déplacements pour les vacances réalisés chaque année en automobile. Le train arrive loin derrière, avec seulement 13,8 % des voyages. Quant à l'avion, le moyen de transport le plus controversé par les tenants de la mobilité verte, il représente moins de 10 % des transports.

Voilà pour la photographie générale. Quand on entre dans le détail de l'enquête de l'Insee, deux éléments sautent aux yeux. D'abord, non, les Français ne sont pas fous : quand une alternative à la voiture est possible, ils l'utilisent. Là encore, tout est dit dans les chiffres. C'est dans l'agglomération parisienne – oh surprise ! – qu'on passe le plus de temps dans les trajets du quotidien : 78 minutes par jour en 2019 – les chiffres ont empiré depuis –, et c'est bien sûr très long. Mais c'est compréhensible : la marche y est devenue le principal moyen de déplacement des Parisiens. 10,9 millions de trajets sont réalisés à pied, ce qui représente près de 40 % d'entre eux. La hausse est sensible (+ 4 %) par rapport à l'enquête de 2008. Dans le même temps, l'usage des transports en commun a lui aussi fortement progressé (+ 5 %), ce qui explique d'ailleurs les engorgements constatés chaque jour dans les métros et les bus parisiens... Ils représentent un quart des déplacements.

En revanche, l'utilisation de la voiture est en chute libre (– 8 points en dix ans), mais elle représente quand même un tiers des déplacements. Ce qui se passe à Paris se constate logiquement dans toutes les villes de France, mais dans une moindre proportion : on passe beaucoup moins de temps en transport dans les agglomérations de 100 000 habitants (62 minutes) et moins encore dans celles plus modestes (55 minutes en moyenne). Quant à l'usage de la voiture, il se réduit également dans les villes, mais il reste évidemment, et de loin, très largement majoritaire dans les campagnes françaises : quatre déplacements sur cinq se font en voiture en milieu rural. Cela n'a rien de vraiment surprenant : les distances parcourues en voiture augmentent avec l'étalement urbain, tout comme l'usage de la voiture. À cet égard, il est intéressant de noter que, dans les couronnes des agglomérations, 91 % des habitants disposent d'une voiture, et neuf actifs sur dix l'utilisent pour aller au travail. Tout dépend, en réalité, de la disponibilité des transports en commun.

Les moins riches interdits de rouler

Les Français ont donc du bon sens. S'ils utilisent leur automobile, n'en déplaise aux ayatollahs anti-automobile, c'est qu'ils en ont besoin. Cet usage est-il excessif en France ? Pas vraiment. On compte sur notre territoire en moyenne 5,3 véhicules pour dix habitants, contre 8 pour dix aux États-Unis. La réalité est que le parc automobile français a quasiment cessé de croître. Si l'accès à la voiture a été pendant longtemps un marqueur de l'autonomie et de la position sociale, il est désormais interdit aux moins riches. C'est le deuxième élément que met en évidence l'enquête de l'Insee. Compte tenu de son coût – on l'a bien vu dans les chapitres précédents, depuis l'achat jusqu'aux carburants, tous les postes de dépenses autour de la voiture ont flambé ces dernières années –, l'automobile devient de plus en plus inaccessible et inégalitaire.

Que dit cette enquête ? D'abord, et ce n'est pas vraiment une surprise, le taux de motorisation dépend directement du montant des revenus. Les ménages les plus aisés ont en moyenne deux fois plus de véhicules que ceux qui appartiennent à ce qu'on appelle le premier décile, en l'occurrence les 10 % des ménages les plus pauvres. Deuxième constat, les plus riches roulent beaucoup plus que la classe la plus populaire : la distance totale parcourue en voiture par les 40 % des ménages les plus riches est ainsi deux fois et demie supérieure à celle des 10 % les plus pauvres (17 000 km par an, contre 6 700 km). Troisième constat, les ménages les plus aisés, très logiquement, achètent les véhicules les plus récents, qu'ils soient neufs ou d'occasion. Concrètement, cela se traduit par le fait que plus d'un tiers (exactement 36 %) des véhicules classés dans les tréfonds des vignettes Crit'Air (des non-classés, qui sont les plus anciens, aux véhicules Crit'Air 4 ou 5) appartiennent aux ménages du premier décile, donc les plus modestes.

Ce sont eux qui sont en première ligne dans les interdictions de rouler dans les centres-villes... Ce sont eux, donc, qu'on pointe du doigt et qu'on stigmatise : aux riches l'accès à la probité écologique, aux pauvres l'obligation de porter le lourd fardeau de la mauvaise conduite écologique.

La grande détresse des automobilistes

Ce que les bien-pensants de la vertu écologique ne mesurent pas, c'est la détresse grandissante de ceux qui ont ainsi de moins en moins accès à l'automobile, qu'elle soit polluante ou non. Une enquête Ifop du 20 février 2024 pour la société Roole révèle la profondeur de ce désarroi. D'abord l'enquête confirme l'usage toujours jugé indispensable de la voiture. En effet, 75 % des Français, selon ce sondage, utilisent leur automobile pour aller au travail, et ce taux grimpe même à 80 % quand il s'agit d'aller chercher les enfants à l'école ou de rendre visite à des proches. Deuxième point révélé par l'enquête : le coût de l'usage de la voiture atteint, pour près de 50 % des Français, entre 100 et 300 euros par mois, sans compter l'achat ou le coût d'une location. Ce coût dépasse même les 300 euros mensuels pour un Français sur six. Un usage massif, donc, pour un coût élevé, qui amène au développement d'une économie de la débrouille. On a vu, dans le chapitre 3, l'inflation des prix de la réparation. Conséquence : 64 % des automobilistes envisagent de se procurer, ou se procurent déjà, des pièces de rechange d'occasion plutôt que d'en utiliser des neuves pour des réparations. Ils sont 55 % (70 % pour les ménages les plus pauvres !) à envisager, ou à déjà faire appel, à un ami mécano pour effectuer ces travaux plutôt que s'adresser à un garagiste professionnel. Une évolution qui peut interroger sur la qualité ou la fiabilité, en matière de sécurité, du parc automobile. Il n'est pas étonnant, dans ce contexte, que près d'un automobiliste sur deux ait revu à la baisse ses contrats liés à leur véhicule, qu'il s'agisse de l'assurance ou des frais de parking.

Cette recherche de l'économie se concrétise également dans l'usage quotidien : près de 77 % des automobilistes font régulièrement, ou quand ils le peuvent, quelques kilomètres de plus pour chercher des stations-service qui proposent des carburants moins chers, et, surtout, ils sont dans la même proportion à essayer d'utiliser leur voiture le moins possible et à limiter leurs déplacements. Enfin, 65 % des Français évitent désormais l'autoroute quand ils le peuvent, et c'est même quasi systématique pour 35 % d'entre eux (et 46 % pour les ménages les plus pauvres).

La barrière de péage devient une barrière sociale

Cette évolution n'est pas sans risque. Comme l'indique Jérôme Fourquet, directeur du département opinion de l'Ifop, interrogé dans le cadre de cette enquête par le quotidien *Aujourd'hui en France*, « il y a ceux qui peuvent encore prendre l'autoroute et ceux qui y ont renoncé. La symbolique est très forte. La barrière de péage devient également une barrière sociale. Les personnes concernées éprouvent un profond sentiment de déclassement ». Plus loin, interrogé sur les risques liés à ces renoncements, le spécialiste enfonce le clou. Il évoque « une fracture sociale profonde ». « Pour l'heure, les gens semblent résister, mais le feu couve, poursuit-il. Je reviens à la barrière de péage. Rappelez-vous qu'avant la prise de la Bastille, le 14 juillet, les révolutionnaires ont détruit, le 13 juillet, les barrières de l'octroi de Paris. Parmi les premiers lieux que les Gilets jaunes avaient investis, parfois détruits ? Les péages. Attention, car la colère pourrait reprendre. Il faut juste un déclencheur. » Ces propos, dans la bouche d'un des meilleurs connaisseurs de l'opinion des Français, ont de quoi sinon inquiéter, en tout cas poser le sujet : va-t-on pouvoir longtemps condamner les automobilistes à consentir des sacrifices, au nom de l'inflation ou d'une écologie punitive ?

La marche arrière constatée sur les ZFE semble donner la mesure d'une première prise de conscience sur les excès d'un autocratisme vert. Mais il y a une autre marche à franchir. Celle qui consiste à rendre moins fou le projet d'imposer les véhicules électriques à des Français qui n'en veulent pas.

Deuxième partie

Voiture électrique : à fond dans le mur

7

Ça patine pour la « watture »

On nous avait promis la panacée, des bornes de recharge en pagaille, une autonomie améliorée, un coût de l'électricité avantageux... Rien de tout cela ne s'est vraiment produit. C'est comme si la voiture électrique s'est mise à patiner. Prenons l'exemple des bornes de recharge. Au ministère de la Transition écologique, on ne cesse de mettre en avant la rapidité avec laquelle la France s'équipe. Même si le plan gouvernemental des 100 000 bornes a accusé plus d'un an de retard, la mise en œuvre a fini par s'accélérer : à fin février 2024, on comptait sur le territoire 123 347 bornes installées. Une progression de 36 % par rapport à 2023. En un an, le territoire français s'est équipé au rythme étourdissant de plus de 10 000 bornes par mois. À ce rythme, fin février, la France comptait 183 points de recharge par habitant. Des chiffres qui placent l'Hexagone dans les tout premiers rangs européens en matière d'équipements, derrière les Pays-Bas (qui aligne 700 bornes par habitant !), leader incontesté en la matière, mais juste devant l'Allemagne, et loin devant l'Italie ou l'Espagne. Mazette !

Forte accélération sur l'installation des bornes de recharge...

Sauf que, à y regarder d'un peu plus près, le compte n'y est vraiment pas. Les bornes ont effectivement poussé comme des champignons en quelques mois, sous l'impulsion des incitations financières du gouvernement. Une croissance très opportuniste. La première enveloppe, 100 millions d'euros, est débloquée dans la foulée des lois sur la mobilité de 2019. Objectif : 100 000 bornes à l'échéance de 2021, finalement atteint début 2023. Octobre de cette année-là, rebelote. Cette fois on double la mise, avec 200 millions d'euros d'investissements pour accélérer le plan de déploiement des stations de recharge. Nouvel objectif, fixé par Emmanuel Macron : 400 000 bornes publiques à l'horizon 2030. Et un gros coup d'accélérateur dans trois domaines ciblés : les copropriétés – où là, le retard est encore flagrant –, les bornes installées dans les voiries des communes, et les recharges pour les poids lourds. L'accélérateur concerne aussi l'installation des stations dans « tout le réseau autoroutier ».

Des grandes aires de service des autoroutes aux stations-service indépendantes, le coup de pouce est significatif. Le financement peut aller par exemple jusqu'à 70 % du coût d'installation, selon la puissance installée, dans les petites stations d'essence des campagnes, ou encore jusqu'à 50 % du coût des travaux dans une copropriété, à concurrence de 8 000 euros au maximum. Autrement dit, l'argent ruisselle, la pratique du « quoi qu'il en coûte » se généralise dès qu'il s'agit de transition vers la voiture électrique. Mais il y a comme un défaut dans la mise en œuvre de ce plan. Les pouvoirs publics fixent un objectif en nombre de bornes à installer – on aime bien faire claquer les chiffres dans la communication des ministères –, mais sans l'assortir d'obligations, par exemple sur la qualité des stations de recharge implantées, leur puissance, la présence d'un contrat de maintenance, etc.

… mais la qualité et la fiabilité se dégradent plus vite encore

Et c'est là que commencent les problèmes. Car l'argent facile a un défaut majeur : l'effet d'aubaine. La pratique est courante en France, où on adore utiliser à fond la pompe à finance publique. Beaucoup se contentent de cocher les cases nécessaires pour obtenir l'argent qui va tomber du ciel gouvernemental. Ils choisissent en priorité les installateurs les mieux-disants financièrement pour installer des bornes de moindre puissance, les moins onéreuses, sans contrat de maintenance. Il s'agit d'abord de faire du chiffre. Quant à la qualité ou l'entretien, on verra après.

Justement, on commence à voir. Les derniers rapports de l'Avere-France, l'association qui réunit les professionnels de la mobilité électrique et qui fait foi dans ce domaine, sont pour le moins alarmants. Certes, le nombre de bornes va croissant, mais celles-ci sont de plus en plus souvent en panne ou indisponibles. En février 2024, le taux de disponibilité des bornes installées ne dépasse pas 81 %. Un an auparavant, il était de 84 %. Cela signifie tout simplement que plus on installe de stations de recharges, plus le taux de défaillance augmente. Résultat des courses : environ une borne sur cinq en France n'est pas disponible pour la recharge. Pire encore, le taux de disponibilité tombe à 76 % pour les bornes de recharge les plus puissantes : une sur quatre est en permanence inaccessible. Pour certaines, il s'agit d'opérations de maintenance à répétition, pour d'autres, c'est carrément la panne, des centaines d'entre elles n'ont pas aperçu un réparateur depuis longtemps. En clair, cela signifie que le réseau, pourtant par essence tout neuf, est déjà en forte dégradation. Une fois la station de recharge installée, la subvention perçue, plus personne n'entretient nombre de ces bornes qui sont en état de dépérissement avancé.

Le choix sur la recharge électrique : lent ou... très lent

L'autre effet pervers de cette course au chiffre réside dans la nature des bornes installées. La plupart sont de faible puissance et déjà technologiquement dépassées. Toujours selon les données de février 2024, 84 % des bornes sur le territoire ont une puissance de charge égale ou inférieure à 22 kW, ayant recours au courant alternatif, ce qui ralentit considérablement le temps pour faire le plein d'électricité. Il faut dire qu'une installation en courant alternatif coûte à peu près trois fois moins cher qu'en courant continu, celui qui alimente les stations de charge rapide. Concrètement, cela signifie que sur 84 % des bornes installées, il ne faut guère espérer recharger sa batterie en quelques dizaines de minutes : le temps se compte plutôt en heures. Ce qui est pour le moins incompatible avec la réalité de la vie quotidienne : on n'a guère l'intention, même quand on conduit une voiture électrique, de passer plusieurs heures à attendre sa recharge sur le parking d'un supermarché ou dans une station-service de campagne. Et il y a mieux, comme occupation quotidienne, que de courir de supermarchés en stations-service avec son véhicule pour ne glaner, à chaque fois, qu'une poignée de kilomètres d'autonomie...

La situation n'a guère de chance de s'améliorer, pour une simple raison. Une fois l'effet d'aubaine de la subvention passé, on en vient à la réalité de l'exploitation de ces installations. Et là, patatras, il est quasiment impossible en l'état de la consommation actuelle de rentabiliser une station électrique. En moyenne, un point de charge n'est utilisé en France qu'une fois tous les deux jours. C'est bien insuffisant pour atteindre un quelconque seuil de rentabilité, même si les tarifs pratiqués aux stations lentes (0,32 euro/kW selon les relevés de l'Avere-France) sont presque équivalents à ceux des stations rapides (0,33 euro/kW). Il faut donc s'attendre à une dégradation en accéléré du service apporté. À part les centres commerciaux, où l'installation vise d'abord à fidéliser une clientèle – la pratique est semblable à celle des prix coûtants des carburants pour les hypermarchés –, ou les voiries du domaine public, où là, c'est l'argent du contribuable qui est utilisé, l'avenir des bornes de recharge publiques paraît bien sombre.

À la borne de recharge, on peut devoir payer... pour stationner

En réalité, seul le réseau des autoroutes dispose d'un niveau d'équipements en stations de recharge de qualité satisfaisante. Il faut dire que c'est là qu'est concentrée l'immense majorité des bornes rapides, celles de 350 kW. Au total, près de 100 % des aires d'autoroutes françaises sont équipées, avec 3 000 bornes à la disposition des « watturistes », dont huit sur dix sont à très haute puissance. Une évolution, pour le coup, rapide et efficace. À une nuance près : le coût de la recharge et les modalités qui, même si elles ont été simplifiées, restent souvent ubuesques.

Il faut savoir que, sur autoroute, les tarifs appliqués par les exploitants sont variables – comme ceux des carburants, encore qu'ils se ressemblent souvent assez étrangement... –, mais dans des proportions sans équivalence avec les écarts de prix sur l'essence ou le gazole. Et surtout, le mode de calcul diffère. Certains facturent à la puissance délivrée, ce qui semble assez logique. D'autres choisissent de faire payer au temps passé, une curiosité. D'autres encore, histoire de faire simple, mixent les deux modes de facturation. D'autres enfin sont carrément au forfait. Et cerise sur le gâteau, un comble, des opérateurs ont le culot de facturer des frais de stationnement. Depuis quand doit-on payer sa place pour aller faire son plein ?

Le tout est parfaitement incompréhensible pour le commun des électro-automobilistes, qui doivent souvent se munir de plusieurs abonnements auprès d'opérateurs différents – ils sont plusieurs centaines à se partager le marché en France ! – pour pouvoir faire leur plein sereinement. Avec, à chaque fois, une multiplication des coûts annuels d'abonnement. Entrent en compte, enfin, la qualité et la puissance des chargeurs installés dans les véhicules. On en arrive ainsi à payer beaucoup plus cher le plein d'une voiture électrique d'entrée de gamme, une Dacia Spring par exemple, que celui d'un bolide comme la Porsche Taycan, juste pour une question de temps et de puissance de charge.

Cette jungle tarifaire impénétrable a d'ailleurs fini par agacer les technocrates de Bruxelles. L'Union européenne s'est lancée dans la louable intention de réguler ces systèmes de tarification en imposant quelques règles de bon sens. Le nouveau règlement européen Afir (*Alternative Fuels Infrastructure Regulation*) va imposer à tous les chargeurs de plus de 50 kW d'accepter la carte bleue – une vraie révolution ! – et de mesurer la quantité d'énergie fournie au kilowatt, même si la facturation à la minute restera possible. Enfin, c'en sera fini d'une autre particularité très fâcheuse : l'impossibilité pour l'électro-automobiliste de se faire une idée à l'avance du prix de son plein, les tarifs ne faisant aucune obligation d'affichage. Bonjour la surprise quand tombe la facture finale. Désormais, les stations de recharge électrique seront dans l'obligation d'afficher leurs prix, comme le font déjà, et depuis des années, les milliers de stations-service installées en France.

Dans la jungle des tarifs, des écarts d'un à plus de huit

Il y a un domaine dans lequel, en revanche, la jungle restera tout aussi inhospitalière, c'est celui des écarts de tarifs. Les enquêtes réalisées sur le sujet donnent le tournis. Celle que nous a livrée UFC-Que Choisir dans les derniers mois de 2023 ne manque pas de sel. On y apprend, par exemple, que dans les relevés opérés par l'organisme, les écarts de tarifs sont « de plus de 830 % sur une borne de faible puissance, de plus de 380 % sur une borne de moyenne puissance, et de plus de 190 % sur une borne ultra-rapide ». Rapporté à un exemple concret, l'écart est encore plus saisissant : « La recharge d'une Peugeot e-208 vous coûtera entre 7,35 euros et 68,77 euros sur une borne lente, entre 7,19 euros et 35,82 euros sur une borne intermédiaire, et entre 14,67 euros et 36,9 euros sur une borne ultra-rapide ». Dans bien des cas, cela signifie aussi que le prix du plein pour l'automobiliste peut se révéler très supérieur si l'on roule en électrique plutôt qu'en carburant classique. Sur autoroute, le coût d'un trajet de 100 km peut ainsi facilement atteindre 15 euros pour une e-208, contre un peu plus de 10 euros pour le même véhicule diesel.

Ce que ces études ne disent pas, c'est qu'en trois ans, les tarifs de l'électricité facturée par certains opérateurs ont triplé, voire quadruplé. C'est l'un des fondements majeurs de l'électrification du parc automobile qui est remis en cause. Au-delà des bienfaits écologiques, qui restent largement à prouver (on le verra ultérieurement), le choix de la voiture électrique est souvent présenté comme très avantageux sur le plan économique. Le premier critère en la matière, bien mis en avant, étant le prix de l'électricité, sur la base d'un postulat largement partagé : une énergie facile d'accès et peu onéreuse.

L'invasion de l'Ukraine nous a prouvé l'exact contraire. L'énergie électrique, pour peu qu'on manque de matières premières – en l'occurrence le gaz russe –, peut se faire plus rare, et donc beaucoup plus chère. En France, la particularité de l'État-providence fait que depuis le conflit, l'envolée des prix du kilowattheure est restée contenue. Les boucliers tarifaires mis en place par le gouvernement, à hauteur de plusieurs dizaines de milliards d'euros, ont permis de limiter la casse.

Les prix de l'électricité flambent plus vite que ceux des carburants

Malgré cela, la flambée des prix a été spectaculaire. En février 2024, le prix du fameux tarif bleu d'EDF a augmenté de près de 10 %. Cette hausse fait suite à une précédente envolée de 15 % en février 2023, puis de 10 % au mois d'août de la même année. En un peu plus de deux ans, depuis le début de la guerre en Ukraine, le tarif de l'électricité a augmenté de 44 % en France. Pendant cette période, l'État – au bout du compte, les contribuables – a pris à sa charge près de 40 % du montant des factures. Comme nous l'évoquions dans un précédent chapitre, avec le retour du prix du litre du carburant à près de 2 euros début 2024, la facture d'un plein pour une voiture thermique, essence ou diesel, a augmenté d'environ 40 % en dix ans. Mais qui sait que, dans le même temps, le prix du kilowattheure facturé par EDF a bondi de 70 % ! En dix ans, le prix nominal est passé d'un peu moins de 0,15 euro le kilowattheure à plus de 0,25 euro. C'est considérable. Il faudra bien, par ailleurs, qu'un jour ou l'autre les Français finissent par rembourser les milliards avancés par le gouvernement pour limiter la casse tarifaire. Alors que les prix du carburant sont taxés à près de 60 %, les impôts ne pèsent « que » un bon 30 % de la facture EDF. Rien ne dit que, dans un futur plus ou moins proche, cette fiscalité à l'avantage aujourd'hui de l'électricité ne finisse par s'équilibrer, et sans doute pas – on peut en faire le pari – par une baisse des impôts sur le prix à la pompe des carburants...

Des prix de l'énergie décarbonée – à plus de 60 % en France grâce au nucléaire – de plus en plus élevés, des stations de recharge à la fois insuffisantes en puissance et trop souvent en panne ou indisponible, voilà qui atténue largement le miracle annoncé de l'usage de la voiture électrique. Tous les électro-automobilistes de bonne foi le reconnaissent : le sport de la chasse à la recharge – certains le nomment « le jeu des *1 000 bornes* » ! – occupe une bonne partie des temps de trajet, dès lors qu'on sort du familier aller-retour domicile-travail.

8

Autonomie des batteries : le règne du « jusqu'à »

Aux incertitudes permanentes autour des bornes de recharge, il faut ajouter un autre sommet à franchir, celui de l'autonomie des véhicules. Là encore, entre les promesses et la réalité quotidienne, ce n'est pas une modeste montagne qui se dresse, mais un Everest. Vous l'aurez sans doute remarqué, les publicités qui foisonnent sur les ondes ou les écrans sur les miracles de la voiture électrique ont adopté une formule magique, le « jusqu'à », qui fait loi quand on évoque le nombre de kilomètres rendus possibles par la batterie. L'autonomie de la voiture électrique, pourtant un facteur clé d'achat, n'est bien sûr jamais garantie. Et pour cause. Les écarts entre l'affichage et la réalité atteignent des proportions qu'un conducteur de véhicule à essence ou à diesel n'a jamais connues. *L'Automobile Magazine*, au cœur de l'année 2023, s'est ainsi livré à une étude comparative de l'autonomie réelle pour une petite dizaine de modèles de véhicules électriques. Des wattures polyvalentes, de milieu de gamme, considérées comme raisonnables – bien que les prix s'étalent, tout de même, entre 35 000 euros et 55 000 euros ! –, loin donc des modèles survitaminés dont les prix s'affolent très vite au-delà des 80 000 euros.

200 km perdus sur l'autoroute

On a bien sûr pris soin, à *L'Automobile Magazine*, d'évacuer tout ce qui fâche dans le relevé de l'autonomie d'une électrique : climatisation et chauffage ont été coupés, un seul conducteur pour limiter le poids embarqué, des températures extérieures comprises entre 15 et 20 °C, histoire de ne pas fâcher les batteries, et une conduite bien sûr très raisonnable. Des conditions idéales. Ce qui l'est beaucoup moins, ce sont les écarts constatés pour les véhicules en question. La Renault Megane EV60 de 130 ch testée affiche ainsi un score très enviable de 455 km d'autonomie en ville. Mais dès que le conducteur prend la route – ce à quoi peut servir une voiture, même électrique... –, l'autonomie chute à 360 km, sur route et même à 280 km sur autoroute. Une douche froide. Elle l'est tout autant pour des modèles comme la Kia EV6 2WD, qui vous permettra de rouler jusqu'à 498 km en ville – ce qui n'est guère très utile –, mais seulement 326 km sur route et 290 km sur autoroute : un écart de 208 km, il faut le faire. La chinoise MG4 ou l'américaine Tesla Model 3 ne font guère mieux. Enfin, la douche devient carrément glaciale s'il vous prend l'envie d'utiliser une Citroën ë-C4, qui passe de 278 km en ville, ce qui est tout juste suffisant pour qui ne veut pas passer son temps à la prise électrique, à 165 km sur autoroute. Dès le premier tour de clé, il faut songer à la prochaine recharge. Un vrai bonheur. On vous déconseille fortement les week-ends prolongés !

En réalité, quel que soit le modèle, les écarts d'autonomie selon l'usage que l'on fait de sa voiture sont abyssaux. Autant dire que les « jusqu'à » affichés à longueur de publicité sont très loin de la réalité. Qui plus est, cette consommation est contre-intuitive. Avec les véhicules thermiques, où les écarts ne sont jamais aussi considérables, on a appris que l'on consommait plus en ville et moins sur les routes. Avec les électriques, c'est l'exact inverse, avec, à la clé, un désavantage évident, puisque c'est quand on a le plus besoin d'autonomie, sur les longs trajets, que l'on consomme le plus. Sans compter l'œil et l'attention rivés sur la proximité de la prochaine borne de recharge, plutôt que sur la beauté du paysage...

Mensonges sur la puissance de recharge des batteries

À cette incertitude concernant l'autonomie réelle s'en ajoute une autre : les qualités ou les spécificités techniques du véhicule électrique que votre concessionnaire vous a vendues. Pour le coup, les constructeurs ont tendance à ne pas en faire la publicité, mais la puissance de recharge acceptée par votre watture peut être carrément limitée, souvent à 50 kW ou 100 kW pour les modèles d'entrée de gamme. Ce qui signifie que même si le conducteur fait le choix d'une borne de recharge rapide et accepte de payer le prix fort, la capacité de charge de son automobile sera automatiquement limitée. Pire encore. Les pics de puissance – le maximum de charge accepté par un véhicule électrique, sur lequel les constructeurs communiquent pour mettre en avant les capacités de recharge de la batterie embarquée – ne durent souvent que quelques dizaines de secondes. En réalité, une voiture électrique ne peut accepter en continu une forte charge, si bien que l'écart de puissance entre ce qu'annonce le constructeur sur ses fiches techniques et la réalité peut être du simple au double sur certains modèles. C'est à la borne que l'électro-automobiliste constatera la différence. À son détriment bien sûr.

À ces incertitudes que l'on peut qualifier de techniques s'en ajoutent d'autres, sur des registres surprenants. La météo par exemple. Ce n'est pas pour rien si les équipes de *L'Automobile Magazine* ont pris le soin de préciser que les tests, que nous venons d'évoquer, ont été réalisés à température constante, entre 15 et 20 °C. Car le froid ou le chaud ont une incidence majeure sur l'autonomie de votre batterie.

Les batteries détestent le froid, le chaud… et la pluie !

Que vous voyagiez en Corse au mois d'août, ou dans les Hautes-Alpes en plein cœur de l'hiver, sachez que votre voiture ne roulera pas aussi loin que dans une région au climat tempéré. Le froid d'abord. L'impact est spectaculaire. En Finlande, où on s'y connaît en températures négatives, le consultant Vesa Linja-aho, cité par l'hebdomadaire *Challenges*, indique que la perte d'autonomie est en moyenne d'un tiers quand il gèle à – 10 °C, voire de moitié par – 20 °C. La Fédération automobile de Norvège (NAF) estime ainsi que la perte moyenne d'autonomie en hiver est de 20 %. Ce qui est loin d'être négligeable. Sans atteindre ces valeurs de froids extrêmes, une chute de température comme celles constatées dans nos hivers suffit à dégrader sérieusement l'autonomie de la batterie. Pour deux raisons.

La perte de capacité des batteries elles-mêmes, qui se constate d'ailleurs dans la vie courante. Le froid entame l'autonomie d'un téléphone portable ou d'une lampe de poche. La seconde est de bon sens. En hiver, on chauffe sa voiture. Si l'impact sur l'autonomie reste modeste pour un véhicule thermique – c'est la chaleur dégagée par le moteur qui fait office de radiateur –, il devient sérieux dans une électrique. Le chauffage de l'habitacle, particulièrement gourmand, peut consommer entre 3 000 et 5 000 W. Le cabinet Geotab, un organisme qui collecte les données de près de 4 millions de véhicules de société, recommande ainsi à ses clients gestionnaires de flottes d'entreprises de suggérer à leurs conducteurs d'activer uniquement les sièges et le volant chauffants, beaucoup moins voraces en énergie.

Sauf que, pour le commun des automobilistes, ce sont des options payantes plutôt onéreuses. L'entreprise ZF, un équipementier automobile allemand, a, elle, développé la ceinture de sécurité chauffante… Il faut être inventif pour pallier l'insuffisance des batteries.

Ce qui est vrai pour le froid l'est tout autant pour le chaud. D'abord dans la mesure où les batteries ont une tendance naturelle à chauffer quand on les utilise. Il se trouve que l'augmentation de la chaleur dans le compartiment moteur au-dessus des niveaux acceptés par la batterie accélère sa réaction chimique, ce qui réduit drastiquement sa durée de vie en la déchargeant. En période de charge, la situation empire. L'été, il est donc conseillé de mettre sa voiture électrique à l'ombre dans la phase de chargement. Il vous faudra donc trouver à la fois une borne de recharge et un parasol : l'équation se complique encore. Ensuite, comme pour le chauffage, la climatisation présente aussi une lourde facture énergétique. Et là, on n'a pas encore inventé la ceinture de sécurité réfrigérante…

Enfin, puisque nous sommes dans le registre de la météo, il est un autre facteur climatique que la voiture électrique a du mal à supporter : la pluie ! Rassurez-vous : pas parce que l'eau est hautement conductrice de courant électrique ! L'étanchéité des wattures n'a pas encore été prise en défaut. Si l'autonomie chute en temps de pluie, c'est dû à l'influence d'une chaussée détrempée sur la quantité d'énergie nécessaire pour mouvoir un véhicule. Le phénomène est connu. En plus de lutter contre la résistance à l'avancement causée par le déplacement de l'air autour d'elle, l'automobile doit combattre le mur d'eau permanent qui se forme devant ses pneus. La résistance au roulement s'accentue. La différence par rapport à une automobile thermique ? La batterie doit puiser plus fortement dans ses ressources pour combattre cette résistance. L'impact est d'autant plus significatif que la voiture électrique supporte une surcharge pondérale qui accentue l'effet de ces résistances au roulement. Ce qui, au passage, joue sur l'usure des pneumatiques, en moyenne 20 % plus rapide que sur un véhicule thermique (voir le chapitre 9 : « Le coût de la panne »). Et impose aux constructeurs d'équiper leurs wattures de pneumatiques adaptés, plus résistants.

L'incendie d'une Porsche électrique à 400 millions de dollars pour Volkswagen

Le froid, le chaud, la pluie... que reste-t-il d'autre à supporter pour les automobiles électriques ? Le feu, bien sûr ! Là, on change radicalement de registre.

16 février 2022. Au large des Açores, un incendie se déclare à bord du *Felicity Ace*, gigantesque porte-conteneurs battant pavillon panaméen, armé pour le compte du constructeur Volkswagen. À son bord sont logés très exactement 3 966 véhicules flambants neufs, tous sous les marques du groupe allemand, dont 1 944 Audi, pas moins de 1 117 Porsche, 189 Bentley et, pour faire bonne mesure, 85 Lamborghini. Que du haut de gamme, voire même du prestige, pour une valeur de plus de 400 millions de dollars. Les vingt-deux membres de l'équipage sont heureusement sauvés, mais pas

le porte-conteneurs qui n'atteindra jamais sa destination de Davisville, aux États-Unis. Car quinze jours plus tard, le navire sombre par 3 000 m de fond. L'origine du naufrage ? L'incendie d'un modèle électrique de Porsche, dont plusieurs centaines d'exemplaires se trouvaient à bord. C'est du moins l'accusation que portent Allianz, l'assureur, et Mitsui OSK Lines, l'opérateur du *Felicity Ace*. Ils attaquent Volkswagen en justice, reprochant au groupe allemand de ne pas avoir averti le transporteur des risques posés par les batteries lithium-ion, et de ne pas avoir fourni suffisamment d'instructions pour les protections à prendre pour un transport aussi particulier. Le procès qui s'annonce va défrayer la chronique du petit monde des constructeurs automobiles...

Le feu qui fait peur

L'affaire pointe du doigt une des défaillances majeures de la batterie lithium-ion : sa susceptibilité à prendre feu. Les réseaux sociaux regorgent de vidéos montrant des smartphones qui explosent, des vélos ou des trottinettes qui s'enflamment... Selon le quotidien *Les Échos* du 19 février 2024, les données collectées par la compagnie UL Solutions, firme indépendante américaine de certification de sécurité des produits, attestent de 7 741 incidents dans le monde depuis 1995 provoqués par des accumulateurs lithium-ion. Les batteries les plus dangereuses sont celles de la mobilité douce, avec 1 140 blessés et 214 morts recensés. Les ordinateurs, smartphones ou tablettes sont à peine plus sûrs, avec 1 159 blessés et 114 morts. Quant aux défaillances de batteries dans les automobiles, elles ont causé la mort de 69 personnes à la suite d'un incendie de batterie. Une statistique établie pendant une période où la voiture électrique ne courait guère les routes, ce qui laisse anticiper une croissance exponentielle dans les années qui viennent.

Outre l'incendie spectaculaire du *Felicity Ace*, deux événements en France, très médiatisés, ont mis en avant ce risque du feu. Les incendies successifs, en avril 2022, de deux bus électriques à Paris, les Bluebus du groupe Bolloré, qui ont amené au retrait de la circulation de 149 bus du même modèle par la RATP. Les bus en question devaient reprendre la route dans le courant de l'été 2024. Au passage, l'affaire, qui n'a heureusement fait aucune victime, aura coûté plusieurs dizaines de millions d'euros d'indemnités au groupe Bolloré. Mais c'est le samedi 17 février 2024 qu'éclate l'incendie de batteries électriques le plus spectaculaire enregistré jusqu'alors en France, dans l'Aveyron. Cette fois, ce sont les 900 tonnes de batteries au lithium entreposées dans les hangars de la Snam, société spécialisée dans le recyclage de batteries, qui s'embrasent. Un incendie spectaculaire qui a notamment provoqué l'émission de substances toxiques. Le mercredi suivant, quatre jours donc après l'incendie, les habitants de Viviez, la commune en question, étaient toujours incités par les autorités à ne pas ouvrir portes et fenêtres, pour éviter « les fumées incommodantes, mais non toxiques »...

Les tarifs des assurances s'enflamment avec les batteries

Doit-on, pour autant, considérer les voitures électriques comme des bombes incendiaires sur roues ? La réalité est que les départs de feu ne sont pas plus fréquents pour les véhicules électriques que pour leurs équivalents thermiques. En revanche, les dégâts causés sont autrement plus importants. D'abord, en raison d'émissions de gaz plus toxiques, compte tenu de la masse de matériaux contenus dans les batteries aux émissions plus nocives quand ils flambent, que celles dégagées par l'incendie d'un véhicule à carburant classique. Ensuite, et surtout, parce que la maîtrise du foyer d'une batterie est beaucoup plus difficile. Cinq jours après l'incendie des stocks de la Snam, les pompiers constataient la permanence de foyers encore très actifs. En réalité, et pour simplifier, quand une batterie prend feu, l'arroser avec de l'eau n'éteint pas le foyer, mais permet simplement de le refroidir. Le plus efficace, pour venir à bout de l'incendie d'un véhicule électrique, est de le plonger – ou de plonger la batterie si l'on arrive à l'extraire de la carcasse – dans un conteneur rempli d'eau pendant au moins 72 heures, temps nécessaire pour freiner l'emballement thermique de la pile… Pas simple. Ce risque d'incendie a un effet induit : l'augmentation des primes d'assurances des voitures électriques. Non seulement les batteries sont difficiles à éteindre quand elles flambent, mais en prime elles représentent de 40 % à 50 % du prix total du véhicule. Sans parler du coût des réparations…

9

Le coût de la panne

Eh bien si, justement, parlons-en ! Car ce qui se profile en la matière a de quoi inquiéter. Le coût des réparations et de l'entretien d'une watture se révèle beaucoup plus important qu'attendu. La batterie, d'abord. Ce n'est pas seulement l'élément le plus coûteux dans le prix d'une voiture électrique, c'est aussi le plus compliqué à réparer en cas de panne. Quand il s'agit de produire une voiture électrique, les constructeurs ont un choix à faire, entre la réparabilité de la batterie et le coût de la fabrication. L'équation est simple : plus une batterie sera réparable, plus elle sera chère à assembler. Le choix le plus coûteux consiste à assembler les différentes cellules qui composent une batterie de sorte qu'un réparateur puisse les démonter. On assemble cellule par cellule, avec des systèmes de fixation démontables. Évidemment, cela coûte plus cher à produire. La façon la moins onéreuse est de tout assembler en un bloc, en soudant les cellules les unes aux autres. Mais là, l'objet obtenu se présente d'un seul tenant, pouvant peser jusqu'à 0,5 tonne. La batterie devient quasiment inaccessible, souvent enveloppée dans une gangue de mousse, comme c'est le cas pour les Tesla Model Y.

La mode des batteries irréparables

Chez certains constructeurs, l'arbitrage en faveur du coût de fabrication le moins élevé a vite été réalisé... Au point que l'association Halte à l'obsolescence programmée (HOP) alertait, en avril 2024, sur le risque de développement des « batteries jetables », en l'occurrence assemblées de telle façon qu'elles ne sont pas démontables, l'association proposant d'intégrer dans les normes européennes une disponibilité des batteries de quinze à vingt ans... Le phénomène concernerait la moitié des marques commercialisées en Europe et en Asie, comme chez l'américain Tesla, ou les chinois BYD et MG. Jusqu'à présent, les marques européennes se montraient plus vertueuses, comme chez Renault ou Volkswagen. Une Megane E-Tech dispose ainsi d'une batterie en douze modules, facilement remplaçables.

Mais les européens sauront-ils résister à la tentation de la baisse des coûts ? La guerre des prix entamée depuis maintenant plusieurs mois fait craindre le pire. En somme, on risque de sacrifier le bénéfice client, avec une réparation facilitée, au bénéfice constructeur...

Au-delà, la question de la fréquence et du coût de réparation d'un véhicule électrique commence à se poser. Si le moteur électrique est simple, ce qui l'entoure l'est beaucoup moins : les batteries, on l'a vu, mais aussi les composants électroniques en tous genres qui y sont associés, les systèmes de gestion de la recharge, les contrôle de puissance des piles, etc. Faute de recul, le flou persiste encore. Même si les premières études tendent à démontrer que, finalement, la voiture électrique devra passer plus souvent qu'attendu chez le garagiste.

Dans une enquête rapportée en octobre 2023 par l'excellent hebdomadaire *Challenges*, le constat réalisé par Opteven, le numéro un de la garantie des pannes mécaniques en Europe, rebat les cartes. En attestent les données recueillies, avec son partenaire YouGov, par ce spécialiste qui couvre, en assurance, quelque 1,8 million de véhicules, en France, en Allemagne, au Royaume-Uni, en Espagne et en Italie, tous véhicules confondus. On pensait la voiture électrique plus fiable : moins de pièces en mouvement que dans un moteur thermique, des systèmes embarqués surveillés comme le lait sur le feu par des logiciels *ad hoc*, etc. Eh bien, c'est raté !

La voiture électrique plus souvent au garage qu'attendu

Dans l'ensemble, « 41 % des propriétaires d'électriques ont été confrontés à un incident d'ordre électrique, électronique ou autre. Et 46 % avec un véhicule d'occasion ». Résultat, près d'un propriétaire d'une voiture électrique sur cinq (18 %) a dû faire appel à un dépannage ou à une assistance. Ces chiffres sont d'autant plus significatifs que, par la force des choses, le parc de véhicules électriques pris en charge par Opteven est récent, avec un âge moyen de cinq ans, et 50 000 km au compteur seulement. Pour rappel, le parc automobile en France est composé en moyenne de voitures de près de douze ans d'âge.

Les problèmes les plus fréquents tournent autour de la batterie, surtout ce qui concerne le câblage et les prises de recharge, très sensibles aux mauvaises manipulations des conducteurs. Selon les données d'Opteven, pas moins d'un quart des conducteurs de wattures rapportent avoir été dans l'incapacité de recharger leur véhicule à une borne publique ou personnelle. Voilà qui est fâcheux.

Autre différence notable, par rapport aux voitures thermiques, l'usure à grande vitesse des pneumatiques, beaucoup plus sollicités en raison du poids des électriques et du système de freinage. Les immobilisations et les demandes d'assistance à cause d'une crevaison sont sensiblement plus fréquentes chez les électriques que chez les thermiques. Parmi les propriétaires depuis moins d'un an de véhicules à batterie, « 78 % d'entre eux ont changé deux pneus, et 18 % ont rencontré des problèmes de crevaison », ce qui est considérable. D'autres études montrent que le premier remplacement de pneumatiques intervient avant 30 000 km sur une électrique, contre un peu moins de 40 000 km pour une thermique.

Flambée du prix des réparations

La cerise sur le gâteau, si l'on peut dire, c'est le coût des réparations. Là encore, la comparaison est au détriment des voitures électriques. Opteven a ainsi comparé le coût moyen d'une réparation : il s'avère supérieur de 13 % pour les véhicules électriques par rapport aux thermiques. Et avec, en quelques mois, une inflation record : en septembre 2023, la facture moyenne d'une réparation atteignait 967 euros hors taxes, contre 782 euros en mai 2022.

Quelques mois plus tard, une autre étude, réalisée cette fois par l'association Sécurité et réparation automobiles (SRA), dépendant de la Fédération française de l'assurance (FFA), aboutit à des conclusions très similaires. Réalisée à partir de l'analyse des 800 000 rapports d'expertise consécutifs à des sinistres en 2023 sur des modèles de moins de six ans, l'enquête montre que le coût de la réparation des modèles 100 % électriques est bien plus élevé, en moyenne de 15 %, que sur leurs équivalents thermiques. Pour une Tesla, par exemple, la facture de réparation après une collision ressort 20 % plus élevée que la moyenne de tous les modèles. Les raisons de ces surcoûts sont nombreuses. Un exemple : les éléments de carrosserie, souvent en aluminium pour compenser le poids des batteries, sont beaucoup plus onéreux. Selon SRA, le poids des véhicules électriques est d'ailleurs, lors d'un choc, « un facteur aggravant l'intensité des dommages et des pièces impactées », aboutissant parfois à la nécessité de changer la batterie. Et là, la facture explose. L'heure de main-d'œuvre est également facturée au prix fort, compte tenu des « règles et procédures de mise en sécurité » qu'impose l'intervention sur un véhicule électrique. Les carrossiers et les garagistes doivent en effet obtenir une habilitation spécifique pour limiter les risques d'électrocution ou d'incendie.

Pour les propriétaires de véhicules électriques, c'est la douche froide. Ils pensaient faire des économies malgré le coût exorbitant de leur nouvelle voiture, et les voici plus que majoritaires à estimer que le budget qu'ils consacrent à l'entretien et à la réparation de leur véhicule est égal ou supérieur à celui d'un véhicule thermique équivalent.

On l'a bien compris, à moins de disposer d'un portefeuille bien rempli, l'accès à la voiture électrique reste très utopique pour des millions d'automobilistes. Rien ne va plus, par ailleurs, dès que l'heureux élu prend le volant, surtout s'il compte sortir d'un usage quotidien boulot-dodo. Avec, si possible, recharge à domicile, ce qui là encore reste exclu pour les millions de Français qui n'ont pas la chance d'habiter une maison individuelle.

Mais après tout, pourquoi ne pas consentir à ces sacrifices au nom des bienfaits écologiques de la voiture propre ? Avec la voiture électrique, on nous brosse le portrait du mode de transport idéal, quand il s'agit de respecter nos louables objectifs de chute drastique des émissions carbone à l'horizon 2050. Pourtant, rien n'est moins vrai.

10

La lourde dette écologique de la voiture électrique

Il suffit qu'on effleure le sujet pour que les watturistes voient rouge : la voiture électrique n'est pas écologique. Les plus acharnés peuvent même se mettre très en colère. Je l'ai vécu à de nombreuses reprises. Et pourtant, une fois encore, les données chiffrées sont là, intangibles, redoutablement éloquentes. Avant d'avoir roulé le moindre kilomètre, un véhicule électrique est assorti d'une dette carbone qui n'a rien de négligeable : de 5 à 15 tonnes en équivalent CO_2, selon les modèles et la taille de leurs batteries. « Les véhicules thermiques aussi ! » répondent avec bon sens les électro-automobilistes. Sauf que cette empreinte carbone est deux à trois fois supérieure pour l'électrique. Son processus de production – l'extraction et le raffinage du cobalt, du lithium, du cuivre et de bien d'autres minerais nécessaires à la fabrication de la batterie – est particulièrement énergivore. Ces données, qui agacent tant les partisans de la voiture dite propre, sont calculées par un organisme que l'on ne peut guère soupçonner d'anti-écologisme primaire, puisqu'il s'agit de l'Ademe, l'Agence gouvernementale de la transition écologique.

La valse des tonnes en équivalent carbone

Quand il sort de l'usine, un modèle compact diesel – ce qui correspond à une Renault Megane ou à une Golf de chez Volkswagen – a accumulé une « dette carbone » d'un peu moins de 5 tonnes en équivalent CO_2, ce qui est déjà inférieur à la dette d'une petite voiture citadine électrique – une Renault Twingo par exemple – dotée d'une petite batterie de 22 kWh de puissance. Mais pour une sœur électrique, dotée d'une batterie de 60 kWh, de notre modèle compact diesel, là, l'écart devient considérable. Plus de 10 tonnes en équivalent carbone pour le modèle à pile. L'écart devient abyssal en prenant pour exemple un SUV – ces véhicules hauts sur roues dont les Français raffolent – doté d'une batterie de 100 kWh : près de 15 tonnes en équivalent CO_2. Affolant.

En revanche, il est tout aussi vrai qu'un véhicule électrique sera, à l'usage, beaucoup moins émetteur de CO_2 que son équivalent thermique, dix fois moins pour une voiture électrique rechargée en France. Du coup, l'Ademe s'est livrée à un calcul judicieux. Compte tenu de cet avantage à l'usage, combien de kilomètres faut-il rouler pour « rembourser » cette dette carbone ? Une citadine y parvient rapidement, au bout de 12 500 km. Si on considère le kilométrage moyen annuel parcouru par un automobiliste, en un an, la dette est remboursée. Mais pour un véhicule compact, c'est une tout autre histoire. La dette écologique n'est remboursée qu'à partir d'un kilométrage de 70 000 km, ce qui représente tout de même une utilisation de plus de cinq ans ! Et pour un SUV, il faudra avoir parcouru 100 000 km : huit ans, c'est bien long. Très long, même, quand on constate que les constructeurs incitent à changer de véhicule tous les trois ou quatre ans avec leurs offres de location ou d'achat de longue durée...

Seize ans de conduite pour obtenir un feu vert... vert

Précision apportée par l'Ademe : pour qu'un véhicule électrique offre un vrai bénéfice écologique, avec un impact carbone de bon aloi, inférieur de deux à trois fois à celui d'un véhicule thermique, il faut qu'il ait roulé 200 000 km, soit seize ans, bien plus que l'âge moyen du parc automobile en France ! Et on n'évoque ici que le modèle compact... Mais surtout, seize ans, c'est bien au-delà, presque le double, de ce qui est couramment admis pour la durée de vie d'une batterie... Quand on interroge Renault sur le sujet, via son site internet, la réponse est claire : la longévité moyenne d'une batterie est de huit à dix ans. Elle s'altère en fonction « du nombre de cycles de recharge et décharge (de 1 000 à 1 500 cycles), mais aussi de la puissance utilisée pour la recharger et des variations de température ». Précision apportée par le constructeur, qui alerte : « Attention aux batteries de petite capacité »... Et de signaler, très opportunément, qu'« en optant pour une batterie de grande capacité, vous bénéficiez par conséquent d'une durée de vie plus élevée ». En somme, plus la batterie est puissante, plus elle dispose d'autonomie, et moins il est nécessaire de la recharger. Mais plus sa dette carbone sera difficile à rembourser.

Autre sujet, et non des moindres : que se passe-t-il quand la batterie atteint sa fin de vie, donc bien avant le terme de seize ans évoqué par l'Ademe ? Il faudra la remplacer. Et donc repartir à zéro, ou presque, sur le plan de la dette carbone ! Outre le coût financier de l'affaire – la batterie peut valoir plus de 40 % du prix d'une électrique –, il faudra compter avec un coût écologique considérable. De quoi rendre désastreuse l'empreinte carbone finale d'une vieille voiture électrique. Tellement désastreuse qu'elle peut rendre dérisoire l'émission supplémentaire de CO_2 d'une voiture ancienne par rapport à une voiture contemporaine.

Une étude réalisée par l'association Transport & Environnement en 2019 révélait ainsi que, compte tenu du cycle de vie d'une automobile thermique, de la création à sa destruction, mieux valait rouler le plus longtemps possible avec sa vieille guimbarde. Histoire d'économiser beaucoup d'énergie, des dizaines de milliers de litres d'eau, des centaines de kilogrammes d'acier, d'aluminium, de caoutchouc ou de plastique. À l'évidence, le contenu des gaz d'échappement n'est pas le seul critère à prendre en compte si l'on veut réellement mesurer l'impact écologique de l'automobile.

On remarquera, par ailleurs, que les savants calculs de l'Ademe reposent sur des données recueillies en France, un pays où le plein d'électricité d'un véhicule se fait dans des conditions écologiques assez remarquables. Grâce, n'en déplaise aux écologistes les plus radicaux, à l'importance de notre parc de 56 réacteurs nucléaires. Chez nous, la production d'électricité est aujourd'hui assurée à 65 % par l'atome. Si on ajoute à cela les 12 % tirés de nos barrages et de nos installations hydrauliques, et les 15 % issus des parcs éoliens et solaires, la part de l'électricité décarbonée atteint un record parmi les grands pays de l'Union européenne : 92 % du mix électrique. Cela constitue un avantage écologique certain quand il s'agit de recharger une batterie. Avantage qui entre dans les calculs de l'Ademe.

Catastrophe au charbon pour la Pologne

Mais la décision d'imposer la voiture électrique en 2035 est européenne. Et comme la mesure de la dette carbone de ce type de véhicule varie selon la proportion d'énergie produite sans carbone, il faut aussi regarder comment l'électricité est produite dans les autres pays de l'Union. La palme du pire, si l'on peut dire, revient à la Pologne, grand pays européen, avec ses

36 millions d'habitants. Là, le mix électrique se situe quasiment à l'inverse de la France. Le charbon y représente plus de 70 % de la production électrique, à quoi il faut ajouter près de 12 % liés cette fois au gaz naturel et au pétrole. Au total, donc, 82 % de l'énergie électrique proviennent de matières premières fossiles. La Pologne affiche ainsi le triste record, au sein des trente et un membres de l'AIE, d'être le pays ou le charbon occupe la place la plus importante dans les mix énergétique et électrique. Au passage, le pays est par ailleurs le deuxième producteur européen de charbon après l'Allemagne. Si, outre-Rhin, le panorama est plus enviable que celui de la Pologne, grâce notamment à la forte montée en puissance de la production d'électricité issue d'énergies renouvelables (55 % du mix), la part restant au charbon et au gaz est tout de même de l'ordre de 45 %.

Renoncer au tout-électrique dans les pays à énergie fossile

Autrement dit, cela signifie, pour ces pays, que pour faire le plein d'une batterie électrique, le recours aux énergies fossiles constitue un passage obligé, insupportable quand il s'agit de la Pologne, très lourd encore pour l'Allemagne. Des chercheurs en viennent même à questionner la pertinence de l'existence pure et simple de la voiture électrique dans les pays producteurs de charbon. Leur étude porte, cette fois, sur le cas du Japon, pays où l'électricité est produite à

75 % par des centrales au charbon – peu ou prou les chiffres polonais. Dans leur étude publiée dans la revue *Journal of Cleaner Production*, que rapporte le quotidien *Les Échos* début 2024, les chercheurs de l'université de Kyushu, au Japon, en viennent à écrire que « dans certains cas, garder les voitures à essence plusieurs années de plus sur la route peut s'avérer plus efficace que de convertir rapidement le parc à l'électrique ».

Dans un pays où la moyenne d'âge du parc automobile est de treize ans, donc à peine un peu plus âgé que celui de la France, « si l'on encourage les propriétaires à faire rouler leurs véhicules jusqu'à dix-huit ans, les économies de CO_2 liées aux baisses de production des voitures neuves seraient énormes ». De quoi interroger sur l'intérêt de la bascule à l'électrique, en tout cas dans les régions où le charbon, le gaz et le pétrole restent roi dans la production électrique... En Allemagne ou en Pologne par exemple.

L'autre façon de réduire la dette carbone des voitures électriques serait aussi de produire dans de meilleures conditions les matières premières nécessaires à la fabrication des batteries. On ne reviendra pas ici sur le sujet très documenté du scandale des conditions de l'extraction de cobalt en République démocratique du Congo, qui produit à elle seule près de 80 % de « l'or bleu » : des mines à ciel ouvert, employant des milliers d'enfants-esclaves, au bénéfice des exploitants chinois. On ne reviendra pas non plus sur la façon dont l'exploitation du lithium en Amérique du Sud, « l'or blanc » cette fois, assèche des lacs à hauteur de milliards de litres en Argentine, en Bolivie ou au Chili.

Lithium, cobalt, matériaux rares : le chemin de croix européen

Demeure également comme constante le fait que les besoins en matières premières vont rester vertigineux. Pour l'Europe, en raison du choix de sa transition verte à marche forcée, la Commission européenne prévoit une augmentation, dans des proportions de 12 à 60 fois les niveaux actuels, de besoins en matières premières « critiques » que sont le cobalt, le lithium ou les terres rares.

D'où la tentation de les produire, autant que faire se peut, directement sur les territoires du Vieux Continent. Les études géologiques montrent, *a priori*, que les réserves nationales des pays européens peuvent satisfaire une partie très substantielle des besoins de l'Union. En mars 2023, la Commission européenne a fixé des objectifs, acceptés par les pays membres, de fournir au moins 10 % de la consommation annuelle de minéraux critiques, d'en traiter au moins 40 % dans l'Union, et de veiller à ce qu'au moins 25 % de ces minéraux proviennent du recyclage national. Un bon début. En tout cas sur le papier.

Car, en réalité, ces objectifs sont très ambitieux. Non pas que les matières premières manquent dans nos sols. Au contraire. Ce qui va manquer, c'est le courage politique de les exploiter.

L'exemple du lithium est flagrant. Il est le plus emblématique de ces matériaux critiques, et l'un des plus indispensables. Il en faut 15 kg dans la batterie lithium-ion de 400 kg équipant une watture moyenne. Et pour obtenir cette quantité, il faut traiter 10 tonnes de saumure de lithium. Ce n'est pas un métal rare, mais il n'existe qu'enfermé ou protégé par une gangue d'autres matériaux, et profondément enfoui dans la croûte terrestre. Le sous-sol français en regorge. Si on en croit l'inventaire du Bureau de recherches géologiques et minières (BRGM) réalisé en 2018, l'or blanc se trouve en abondance dans les roches du Massif armoricain et du Massif central, et dans les saumures du bassin rhénan en Alsace. « La France pourrait être autonome, estime le BRGM, avec un potentiel dépassant les 200 000 tonnes de lithium métal ». Voilà pour le constat et la théorie.

Le défi de l'acceptabilité écologique des projets miniers

Mais pour ce qui concerne la pratique, en l'occurrence l'exploitation, c'est tout autre chose. Depuis que la France a quasiment effacé l'extraction minière de son paysage industriel à la fin du XXe siècle, l'acceptabilité sociale et écologique des projets miniers est entièrement à reconstruire. La partie semble difficile. En atteste le parcours d'obstacles que se prépare à affronter Imerys, le géant français de la production et de la transformation de minéraux industriels, qui a prévu de lancer la première mine de lithium en France, capable de produire à terme l'équivalent de 700 000 batteries de voitures électriques chaque année.

Ce 12 mars 2024, l'ambiance n'était pas vraiment à la fête dans la salle des fêtes de Moulins, dans l'Allier : les cadres d'Imerys, venus présenter aux habitants locaux ce projet d'ouverture à Échassières, à quelques dizaines de kilomètres de là, ont dû se débattre face à une population particulièrement remontée et pour le moins sceptique. Pas facile de faire accepter le creusement de galeries d'extraction de lithium à 400 m sous terre, la construction à quelques kilomètres de la mine d'une gigantesque station de chargement du minerai prévue sur 15 hectares, l'édification d'une usine de conversion en batteries sur 30 autres hectares, puis d'une ligne à haute tension de 63 000 volts. Pas facile de convaincre de la nécessité d'absorber, pour le fonctionnement de ce gigantesque site, 446 000 MWh d'électricité par an, soit la consommation annuelle d'une ville comme Toulon, ou, pour le four chargé de chauffer à 1 000 °C le concentré de lithium, de brûler en gaz l'équivalent de la consommation domestique de près de 70 000 personnes. Quid, enfin, des 600 000 m^3 d'eau qu'il faudra pomper chaque année dans la Sioule, la rivière voisine, pour assurer les besoins d'Imerys ?

Voilà qui donne un avant-goût de l'acceptation à venir des projets de déploiement miniers en France. Il suffit d'observer le degré de contestation de la construction d'une autoroute comme l'A69, ou les manifestations de zadistes contre les bassines de Sainte-Soline dans les Deux-Sèvres en mars 2023, pour imaginer l'accueil qui sera réservé aux futures exploitations minières en France. Et ce qui est vrai pour la France vaut aussi dans les autres pays européens, là où se multiplient les projets d'ouverture, en Espagne, en Autriche, en Allemagne, etc. À Lisbonne, des manifestants défilent régulièrement sous les fenêtres du ministère des Mines pour montrer leur opposition à l'exploitation d'un gisement d'envergure au nord du Portugal.

Face aux écueils que l'Europe ne manquera pas de rencontrer dans sa volonté de gagner son indépendance sur le plan de la production de matières premières, il faudra sans doute se contenter pendant longtemps encore des conditions d'exploitations déplorables, sur le plan humain comme écologique, de ces minerais indispensables à la voiture électrique.

La bombe à retardement du recyclage des batteries

Reste, enfin, ce qui ne participe pas de la dette écologique de la voiture électrique, mais plutôt du futur : la question explosive du recyclage des batteries. L'enjeu se chiffre en millions de piles qu'il faudra bien un jour où l'autre recycler, ce qui n'est pas une mince affaire. La batterie d'une voiture pèse en moyenne 300 kg, et, évidemment, elle est bourrée de lithium, de cobalt, de cuivre, de manganèse, de nickel ; elle est composée aussi de plastique, de solvants, et intègre des composants électroniques. Autant dire que son recyclage demande une haute technicité et, surtout, une consommation d'énergie considérable.

Des filières entières sont en train d'émerger en Europe – dont une bonne partie détenue par des acteurs chinois, on ne se refait pas... – avec des objectifs précis. L'Union européenne, comme elle sait si bien le faire, a fixé des règles. D'abord en obligeant, dans le futur, les constructeurs automobiles à intégrer dans la fabrication en leurs batteries des matériaux recyclés : en 2036, elles devront contenir 26 % de cobalt, 12 % de lithium et 15 % de nickel recyclés. Ensuite, en fixant une proportion obligatoire de recyclage de ces matériaux, par exemple à 95 % pour le cobalt, le cuivre et le nickel en 2031, et à 80 % pour le lithium. Aujourd'hui, les recycleurs sont plutôt autour de 70 %. Le reste ? Il faudra bien gérer les résidus en les enfouissant.

Dans un monde parfait, le recyclage est vertueux. Il permet en effet, en réutilisant des matériaux, de réduire la dette écologique de la fabrication d'une voiture électrique. Dans un monde parfait. Sauf que, si la pratique est éprouvée dans les volumes actuels, l'arrivée massive de millions de piles à recycler dans le futur pose question. Il faudra bien absorber les résidus des hordes de véhicules électriques qu'on nous promet pour le futur et qui ne sont bien sûr pas encore en circulation. Le sujet du recyclage des batteries va donc concerner nos enfants. Une bombe à retardement. Faut-il craindre le pire ?

11

Coup de frein puissant sur les ventes de l'électrique

Inflation, restriction de liberté, interrogations sur la vertu écologique annoncée : les Français commencent déjà à douter de la pertinence de la voiture électrique. La fête serait-elle déjà finie ? Si 2023 a été l'année du grand bond en avant pour la voiture électrique en Europe, 2024 s'est annoncée sous des augures beaucoup moins favorables. C'est le moins qu'on puisse dire. Depuis le début de l'année, les clignotants ont viré à l'orange, voire au rouge pour certains constructeurs. La gueule de bois après un lendemain de fête ?

Tout avait pourtant bien commencé pour les fervents partisans de la voiture électrique. Dans cette année 2023, la Tesla Model Y est même carrément devenue l'automobile la plus vendue sur le continent européen, toutes énergies confondues. Avec un peu plus de 250 000 exemplaires, l'américaine a capté l'essentiel de la croissance des ventes d'électriques, la marque progressant de 89 %. Elle a même dépassé d'une coudée les immatriculations de la star jusqu'alors incontestée, la Dacia Sandero du groupe Renault. Pour la première fois dans l'histoire, une voiture électrique s'est donc installée sur la première marche du podium des ventes automobiles sur le Vieux Continent.

La voiture la plus vendue en France est américaine !

Certes, la performance ne va pas sans poser quelques questions : il n'est pas anodin que la voiture la plus vendue en Europe soit de marque américaine, et non pas européenne, ce qui est aussi une première ! Qui plus est, un grand nombre d'exemplaires de ce modèle Tesla vendus dans nos frontières sont équipés de batteries chinoises et fabriqués à Shanghai, la production à Berlin demeurant très minoritaire... Pour autant, cela n'est pas vraiment de nature à refroidir l'ardeur des adeptes du tout-électrique.

Champagne, aussi, pour une autre nouvelle : en 2023, pour la première fois de l'histoire, la part de marché des véhicules 100 % électriques, avec un peu plus de 1,5 million de véhicules vendus en Europe, a dépassé celle du diesel sur l'année tout entière. Avec près de 15 % de part de marché, les ventes du tout-électrique ont ainsi progressé de 37 %. Cette année-là, les voitures électriques sont devenues la troisième motorisation préférée des acheteurs européens, juste devant le diesel, mais encore très loin derrière l'essence (plus d'un tiers du marché) et des modèles hybrides non rechargeables (un quart du marché). Même si la percée doit être relativisée, dans la mesure où les voitures électriques n'existaient pas dans le paysage automobile il y a quelques années encore, les taux de progression n'en demeurent pas moins spectaculaires.

Les bouteilles de champagne remises au frais pour les vendeurs de « wattures »

Champagne, donc ! Mais les partisans de l'électrique ont dû bien vite remettre les bouteilles au frais et remiser les coupes. L'alerte est venue dès le mois de décembre de cette fameuse année 2023, sous forme de douche froide assénée par de nouveaux chiffres de l'ACEA, l'Association des constructeurs européens d'automobiles. Car, pour ce dernier mois de 2023, les immatriculations de voitures électriques se sont effondrées de près de 17 %. *Bis repetita* au cours du premier mois du millésime suivant : les ventes du 100 % électrique ont à nouveau brutalement dévissé. En janvier 2024, il s'est vendu presque deux fois moins de wattures qu'en décembre 2023, et, comble de l'horreur pour les thuriféraires de l'électrique, leur part de marché est retombée sensiblement en dessous de celle du diesel.

L'euphorie aura donc été de courte durée, et en quelques mois, la perception des constructeurs sur l'évolution du marché de l'automobile propre s'est brutalement assombrie. Alors que les voitures électriques ne sont pas encore durablement installées dans le paysage de l'automobile, leur avenir commercial semble déjà sinon compromis du moins remis en question. Plusieurs raisons expliquent ce brutal et très précoce revirement. La première raison, conjoncturelle, est la baisse des bonus et autres aides à l'achat engagées par les pays européens. En Allemagne, l'arrêt brutal du bonus s'est soldé en quelques semaines par un effondrement instantané, de l'ordre de 50 %, des ventes d'automobiles électriques.

Que s'est-il passé ? Le 15 novembre, les seize juges du tribunal fédéral constitutionnel de Karlsruhe ont estimé que le gouvernement allemand n'était pas en droit d'utiliser, pour un autre usage, des fonds initialement mis en réserve pour gérer la crise liée à la Covid-19. Résultat des courses : le gouvernement allemand s'est vu dans l'obligation de combler en urgence un trou de... 17 milliards d'euros. Première victime : l'automobile allemande, privée du jour au lendemain – annonce le samedi 16 décembre de la fin des aides dès le lundi suivant ! – du bonus d'aide à l'achat pouvant aller jusqu'à 4 500 euros pour un véhicule électrique. La brutalité de la décision a instantanément gelé le marché du véhicule électrique outre-Rhin, provoquant un effondrement des carnets de commandes. En un tour de clé, l'Allemagne a ainsi tari le fleuve d'argent public qui, depuis 2016, avait charrié 10 milliards d'euros pour subventionner l'achat de plus de 2 millions de voitures électriques. Un coup dur pour le premier marché du véhicule électrique européen qui, depuis, n'a pas réussi à se relever.

Effondrement des ventes de voitures vertes en Europe

Malheureusement pour les constructeurs, l'Allemagne, dont les ventes de voitures électriques ont finalement plongé de 29 % à fin mars 2024, n'est pas le seul grand pays européen à revoir drastiquement sa politique d'aides gouvernementales à l'électrique. Les arrêts ou le ralentissement des aides à l'achat ont entraîné une chute de 33 % en Suède et en Irlande, et même de 48 % en Norvège, pays de loin le plus électrifié d'Europe. En Italie, où le gouvernement de Giorgia Meloni se refuse à favoriser les voitures électriques – ce qui n'a pas manqué de provoquer des échanges d'amabilités avec Carlos Tavares, le patron de Stellantis, et donc de Fiat –, le plongeon a atteint 34 %.

Sur sa politique de bonus, la France, également confrontée à l'obligation de réduire ses dépenses publiques, a doublement franchi le pas à la charnière des années 2023-2024. Tout commence par une promesse, celle du candidat Emmanuel Macron à l'élection présidentielle de 2022 : le leasing social de 100 euros destiné aux Français les plus modestes pour l'achat d'un véhicule électrique. Après de longs mois de tergiversations, l'opération est lancée en décembre 2023. Accessible aux ménages dont le revenu fiscal est inférieur à 15 400 euros par an, ce dispositif cible d'abord les actifs qui utilisent leur véhicule pour aller travailler.

La France brûle ses aides à l'électrique en six semaines

Le gouvernement pensait le dispositif suffisamment restrictif – obligation de bas revenus, mais aussi résidence à au moins 15 km du lieu de travail, obligation de rouler au moins 8 000 km par an pour des raisons professionnelles, véhicules plutôt bas de gamme… – pour contenir le succès du leasing social. Peine perdue : en quelques semaines, l'opération séduit plus de 90 000 acheteurs, contre 20 000 prévus initialement. Des milliers de familles plutôt habituées au marché de l'occasion se sont laissé tenter par du neuf. En parallèle, les constructeurs ont fait du zèle. Déjà entraînées par leurs concurrentes chinoises dans une guerre de baisse des prix, les marques ont multiplié les offres alléchantes, avec des leasings parfois inférieurs à 100 euros par mois. Il faut dire que le coup de pouce de l'État est plus qu'important. Il revient en moyenne à 13 000 euros par voiture, plus du tiers du prix des véhicules concernés, montant, au passage, à partager entre les contribuables. L'effet d'aubaine est tel que le gouvernement s'est empressé de fermer le guichet de ce dispositif six semaines seulement après l'avoir ouvert ! Mais la note est salée.

À raison de 100 millions d'euros par semaine, le gouvernement a brûlé 650 millions d'euros, près de la moitié de l'enveloppe de 1,5 milliard d'euros qui avait été prévue pour soutenir l'achat de véhicules électriques pour toute l'année 2024.

Certes, l'opération a fait le bonheur de certains constructeurs. Stellantis, grand gagnant de l'affaire, a ainsi raflé 35 000 commandes en s'arrogeant 70 % du marché. Si Renault a plutôt fait grise mise en n'écoulant « que » 10 000 véhicules, l'opération a quand même permis au constructeur français de se débarrasser de bon nombre de ses Zoe et Twingo en fin de vie.

Coup de rabot sévère au bonus

Mais il y a dans l'affaire un grand perdant : l'État. En dépensant ainsi en une poignée de semaines une bonne partie du montant prévu pour ses aides à l'achat de voiture électrique, le gouvernement a été contraint de revoir sérieusement à la baisse le montant de son bonus classique.

En début d'année, la publication par décret du gouvernement du nouveau bonus se résume en une soupe à la grimace pour ceux qui voulaient acheter une voiture électrique en 2024. Les seuls à ne pas perdre au change sont les ménages aux revenus les plus modestes, toujours en deçà des 15 400 euros de revenu fiscal par part. En revanche, pour les plus « aisés », le bonus chute de 5 000 à 4 000 euros pour l'achat d'un véhicule électrique. Les acheteurs tentés de se procurer un véhicule électrique d'occasion ne peuvent plus bénéficier du coup de pouce de 1 000 euros accordé auparavant. Autre réduction, cette fois encore plus spectaculaire : la suppression pure et simple du bonus de 3 000 euros alloué jusqu'alors aux entreprises, pourtant confrontées à l'obligation de verdir leurs flottes automobiles. Seules les camionnettes électriques conservent une aide de 2 000 euros.

Le dossier du leasing social aura donc pesé lourd dans les coupes budgétaires des sommes allouées par l'État pour favoriser l'achat de véhicules électriques. Et ce n'est sans doute pas fini. Les obligations d'économies budgétaires annoncées par Bercy – au moins 20 milliards en 2024, et autant l'année suivante – risquent de largement compromettre la reprise prévue du leasing social en fin d'année. Et de peser encore sur le montant des bonus en cours d'année.

Le temps des vaches maigres est venu

L'Allemagne, la France donc, mais aussi le Royaume-Uni, l'Italie, l'Espagne : tous les grands pays de l'automobile de la zone européenne sont confrontés à une conjoncture financière qui les oblige à revoir à la baisse leur politique de soutien à l'automobile dite verte. La dépendance absolue des ventes à l'obtention de bonus à l'achat étant prouvée, comme le montre douloureusement l'exemple allemand, ces perspectives de baisse des aides ne laissent pas d'inquiéter les constructeurs. D'autant que d'autres nuages se profilent à l'horizon.

Toutes les enquêtes d'opinion le prouvent. Non seulement les intentions d'achats de voitures électriques restent très minoritaires chez les automobilistes, mais elles ont plutôt tendance à repartir à la baisse. C'est ce que montre l'enquête annuelle de l'Observatoire Cetelem, qui interroge 15 000 personnes dans seize pays dans le monde, publiée fin 2023. En moyenne, six personnes sur dix considèrent qu'il est difficile d'acheter ce type de voiture. Si les Chinois se déclarent massivement prêts à franchir le pas (pour 65 % d'entre eux), c'est loin d'être le cas pour les Français : seuls 20 % d'entre nous se disent plus ou moins convaincus. L'un des taux le plus bas d'Europe. Il faut dire que les réticences à l'électrique restent nombreuses. Une large partie des automobilistes souligne « le brouillard » de l'environnement règlementaire, 62 % des Européens doutent que la production d'électricité sur le continent soit suffisante pour subvenir aux besoins, ils sont également très nombreux à s'inquiéter, à juste titre, de l'évolution des prix de l'électricité...

Le prix d'achat des voitures électriques reste un frein majeur

Enfin et toujours, le prix d'achat de la voiture électrique reste un frein majeur. Ainsi, 62 % des Français, selon l'étude « Global Automotive Consumer Study » du cabinet Deloitte (27 000 personnes interrogées dans vingt-six pays en septembre et octobre 2023), affirment ne pas vouloir payer plus de 30 000 euros pour leur voiture, ce qui limite drastiquement le choix des modèles, qui s'échangent allègrement, en moyenne, au-dessus de 40 000 euros...

Aux États-Unis, le revirement est même spectaculaire. Selon cette même étude de Deloitte, les intentions d'achat de véhicules électriques ont chuté au cours des derniers mois, tandis que celles d'un véhicule thermique ont sensiblement augmenté, pour atteindre 67 % des potentiels acheteurs d'automobile. Outre les freins évoqués déjà plus haut, notamment le prix, les Américains sont notamment inquiets des infrastructures de recharge et de l'autonomie restreinte des véhicules.

Dans tous les cas, c'est un ralentissement du marché de l'électrique qui se profile. Publiée début juillet 2024, une étude du cabinet McKinsey, « Mobility Consumer Pulse », montre que pas moins de 29 % des utilisateurs de voitures électriques dans le monde envisagent d'abandonner cette technologie pour revenir au thermique. Ce taux de désaffection pour l'électrique monte jusqu'à près d'un utilisateur sur deux en Australie (49 %) et aux États-Unis (46 %). Même en Chine, ou l'électrique est massivement poussé par les autorités, ils sont 28 % des électro-automobilistes à souhaiter y renoncer. En France, un utilisateur sur cinq envisage déjà de revenir à la voiture traditionnelle. Un peu comme si le réservoir des premiers acheteurs de l'électrique, les aficionados de la première heure, s'était tari. Les nuages qui s'accumulent à l'horizon incitent les constructeurs à revoir leur stratégie, sur les plans industriel et commercial. La meilleure illustration de ces nouveaux tourments touchant la voiture électrique sont les avatars du groupe qui a longtemps mené la course en tête : Tesla. C'est peu de dire que l'étoile de la star américaine a pâli.

12

Tesla, la chute d'une star

Elon Musk a le sens de l'euphémisme. En janvier 2024, le dirigeant charismatique, voyant les nuages s'accumuler au-dessus de Tesla, déclarait que son groupe se trouvait « entre deux vagues de croissance ». Une façon de laisser entendre qu'entre ces deux vagues il fallait se préparer à ce que le navire tangue. L'orage n'aura pas manqué d'éclater en ce milieu du mois d'avril suivant. Par un simple mél, avec la délicatesse qu'on lui reconnaît volontiers, Elon Musk a annoncé à ses 140 173 salariés la suppression de « plus de 10 % » des effectifs mondiaux du groupe. Près de 15 000 personnes sur la sellette. « Il n'y a rien que je déteste plus mais cela doit être fait », argumente Elon Musk qui justifie sa décision : « Nous préparons l'entreprise pour sa prochaine phase de croissance et il est extrêmement important pour nous d'envisager toutes les possibilités de réduction des coûts et d'augmentation de la production. » Résumons. L'américain cherche d'abord à réaliser des économies pour améliorer une rentabilité qui s'est largement érodée ces derniers mois. En témoigne la chute spectaculaire, de 55 %, de son bénéfice au premier trimestre 2024. Du jamais vu pour une entreprise habituée à dégager de plantureux résultats depuis qu'elle est rentable. Tesla a subi de plein fouet un double coup de tonnerre qui le déstabilise : le désamour de la voiture électrique, aux États-Unis comme ailleurs, et la montée en puissance vertigineuse de la concurrence chinoise. Le désamour, c'est ce que les analystes financiers appellent désormais l'« hiver de la voiture électrique », ce scénario que nous venons de décrire dans le chapitre précédent.

Le couperet de la baisse des ventes

Le ralentissement de la croissance mondiale des ventes s'est illustré dans les chiffres commerciaux dévoilés au terme du premier trimestre 2024. Tesla a ainsi acccusé un recul de sa production de véhicules de 1,7 % sur un an, ce qui représente tout de même 433 000 véhicules de moins au sortir de ses chaînes. Surtout, pour la première fois depuis 2020, la firme a enregistré une baisse de ses livraisons. Et non des moindres : une chute de 8,5 % avec seulement 386 000 véhicules livrés à leurs clients en un an. On est loin, très loin, de la croissante insolente des années fastes. En 2023, le groupe avait enregistré une hausse du nombre de véhicules vendus de 38 %, presque autant que l'année précédente.

La double peine, c'est que, pour assurer malgré tout ces ventes plus modestes, Tesla n'a pas lésiné sur les baisses de prix en 2023. Au point de remporter, selon les analystes de la banque HSBC, « la palme douteuse de celui qui a cassé le plus violemment les prix aux États-Unis ». Une ristourne moyenne de l'ordre de 20 %, le double de celle accordée par l'ensemble de ses concurrents. La guerre des prix n'a pas fait rage qu'aux États-Unis. En Europe, tous les constructeurs s'y sont mis, en tentant ainsi de juguler le manque d'appétit des clients. En Chine, c'est la guerre commerciale menée notamment par le mastodonte BYD qui a obligé l'américain à mettre un genou à terre. Au point que pour la première fois de son histoire, dans les derniers mois de 2023, Tesla s'est vu ravir la couronne de leader mondial de la voiture électrique par le désormais tout-puissant BYD, qui a quadruplé ses ventes en un an…

Les clients trompés par la baisse des prix de vente

Il faut dire qu'on ne joue pas impunément avec le moral de ses clients. Elon Musk, dans l'annonce de ses baisses de prix, a quelque peu assombri la béate attitude d'une clientèle biberonnée aux modèles de la marque. Ils sont nombreux à avoir avalé de travers le fait de voir chuter de 20 % ou plus le prix d'un véhicule acheté la veille, ce qui a fait chuter d'autant, voire plus, le prix de revente à l'occasion desdits véhicules. En matière de climat de confiance et d'image de marque, on fait mieux.

Il y a un homme dont on est certain qu'il ne porte guère dans son cœur Elon Musk :

l'Américain Stephen Scherr. Le président de Hertz a payé de son emploi, deux ans selon après son arrivée à la tête du loueur, son choix d'avoir fait confiance à Tesla. C'est l'histoire d'un fiasco à 350 millions de dollars. Quand il commande à Tesla 100 000 modèles électriques pour la somme vertigineuse de 4,2 milliards de dollars, Stephen Scherr pense faire prendre à son entreprise un tournant historique, le bon vent de la transition écologique. Il va très vite rater son virage et affronter la tempête. D'abord celle de ses clients, qui refusent obstinément de vivre dans l'angoisse de la quête d'une borne de recharge et de télécharger les applications pour trouver le point de charge idéal. Des clients qui s'aperçoivent très vite que la conduite de véhicules puissants et beaucoup plus lourds que ceux qu'ils pilotent habituellement est source de stress. Et, au passage, d'une multiplication d'accidents chez les non-initiés. C'était donc déjà mal parti pour Hertz.

Deuxième source de déconvenue pour le loueur, des frais de réparation qui ont fait fondre comme neige au soleil la rentabilité de la location des Tesla. On s'est vite aperçu, chez Hertz, que les Tesla acquises à prix d'or avaient la fâcheuse habitude d'être impliquées dans des collisions mineures beaucoup plus que la moyenne de sa flotte ; résultat, sans doute, de la conduite hasardeuse des fameux non-initiés. Problème supplémentaire, les frais de remise en état de ces carrosseries, « environ deux fois supérieurs à ceux d'un véhicule conventionnel », comme l'a rapporté Stephen Scherr, ont vite fini par plonger les comptes dans le rouge. Les coûts de réparation se sont révélés tellement élevés que le groupe a restreint drastiquement son programme de fourniture de Tesla louées sur de longues durées aux conducteurs professionnels, comme ceux d'Uber. Sans compter des tarifs d'entretien des véhicules très au-dessus des normes classiques.

Mais le coup de grâce est porté par Elon Musk lui-même. Dans l'équilibre des comptes d'un loueur, le prix de revente des véhicules, généralement entre six et vingt-quatre mois après l'achat, pèse lourd, très lourd même. La décision de brader les prix des modèles neufs a logiquement entraîné un effondrement de la valeur de revente des véhicules achetés par Hertz. Aux États-Unis, on a vu le loueur proposer des centaines de Tesla Model 3 et Model Y à prix cassés, souvent à la moitié des tarifs catalogue, pour les remplacer par l'achat de véhicules thermiques à essence afin, comme on le dit benoîtement chez Hertz, de « mieux satisfaire la clientèle et d'ajuster l'offre à la demande ».

Le patron de Hertz paye au prix fort son aventure avec Tesla

L'aventure a finalement coûté au groupe Hertz une perte historique de près de 350 millions de dollars au dernier trimestre 2023, le déficit le plus important connu par le groupe depuis la crise de la Covid-19. Et voit Stephen Scherr « démissionné » avec fracas en mars 2024. Au passage, les mésaventures de Hertz ne sont pas isolées. Fin 2023, son homologue allemand, le loueur Sixt, a envoyé un courrier à ses clients pour les prévenir d'une réduction de la mise à disposition de Tesla. Là encore, les interrogations sur la valeur réelle des véhicules à la revente ont pesé lourd dans la décision. Plus largement, les loueurs, passés les premiers mois d'enthousiasme pour l'électrique, ont vite revu à la baisse leurs ambitions en la matière. Et pour cause, le taux d'utilisation des wattures en location n'est que de 47 %, très en dessous d'une moyenne de 73 % pour les autres motorisations. La désaffection est telle qu'en France, le gouvernement préparait un texte, encore en discussion en avril 2024, visant à punir d'amendes sonnantes et trébuchantes – 5 000 euros par véhicule manquant ! – en cas de non-respect des objectifs de verdissement de leurs flottes fixés par la loi.

Contrairement à Stephen Scherr, Elon Musk a de la chance, il ne court guère le risque d'être « viré » de Tesla, puisqu'il en est le propriétaire. En revanche, les marchés financiers n'ont guère tardé à communiquer leurs doutes sur le futur du groupe américain à son actionnaire, par le mode d'expression qu'ils connaissent le mieux : le cours de Bourse.

La palme du pire parcours boursier pour une action hier adulée

Longtemps star de Wall Street, Tesla a chuté de son piédestal. En octobre 2021, la valeur de Tesla dépassait en Bourse la somme astronomique de 1 000 milliards de dollars, plus que la valeur des quinze plus grands constructeurs mondiaux réunis, dont Volkswagen, General Motors, Daimler, ou Ford... Deux ans et demi plus tard, cette valeur a fondu de plus de moitié. Au premier trimestre de 2024, l'action a même affiché un record dont Elon Musk se serait bien passé. Elle a enregistré la pire performance de l'indice S&P 500, avec une chute de près de 30 % en trois mois. La plus sévère enregistrée sur la période parmi les 500 plus grandes entreprises cotées en Bourse à Wall Street qui composent cet indice. La chute s'est même nettement accélérée au cours des séances qui ont suivi l'annonce de l'important plan de départs annoncé par Tesla.

Comble de l'ironie, le constructeur hier porté aux nues par les tenants de l'écologie radicale est devenu la cible privilégiée d'associations écologistes comme Extinction Rebellion, NABU, ou Robin des Bois. Dans le collimateur, l'extension de l'usine Tesla de Grünheide, près de Berlin. L'américain, dont l'usine occupe déjà 300 hectares, souhaite défricher une centaine d'hectares de forêt pour permettre, à terme, le doublement de la capacité de production de l'unité et la porter à un million de véhicules par an. Après des journées d'occupation sauvage, l'intervention des forces de l'ordre pour dégager les zadistes allemands, voilà donc Elon Musk menacé de voir son site européen transformé en un « Notre-Dame-des-Landes » allemand. Décidément, rien ne va plus chez l'américain.

Le doute semble même gagner les têtes pensantes du groupe.

En août 2023, c'est le directeur financier Zachary Kirkhorn qui a quitté le navire, après treize années de bons et loyaux services. Il faisait pourtant figure des éventuels successeurs d'Elon Musk à la direction de la firme… L'hémorragie s'est poursuivie au mois d'avril 2024, avec deux autres figures historiques s'orientant, comme on le dit pudiquement, vers d'autres horizons : Rohan Patel, directeur commercial pendant plus de huit ans, et Drew Baglino, vice-président en charge de l'ingénierie du groupe, un historique, depuis dix-huit ans aux côtés d'Elon Musk.

Chez Tesla, le vent tourne, et il souffle fort. Une fois de plus Carlos Tavares, dont les avis tranchés régalent le monde de l'automobile, avait vu juste. « Bienvenue dans mon monde », avait finement observé le patron de Stellantis dans les premiers mois de 2023, à l'annonce des spectaculaires baisses de prix de Tesla. Une manière de signifier à Elon Musk qu'il quittait la planète dorée de la tech pour rejoindre le redoutable monde de l'industrie automobile. Un monde où, désormais, la guerre des prix fait rage.

13

La bataille sur les prix fait rage

C'est *le* lancement de l'année. Après des mois d'attente entretenue, sur fond de mini-scoop de la presse spécialisée, de photos plus ou moins volées, d'informations savamment distillées pour entretenir l'attente, Renault dévoile enfin sa superstar de l'année : la Renault 5 E-Tech électrique. La citadine électrique chargée, entre autres, de faire oublier la déjà antique Zoe, lancée par Carlos Ghosn, dont les derniers exemplaires sont sortis d'usine en mars 2024. Dévoilée en grande pompe quelques mois auparavant au salon de Genève, la R5 jaune citron présentée par le groupe aurait, en quelques jours, suscité plus de 50 000 « marques d'intérêt »... Le chiffre délivré par le constructeur, invérifiable, vise à installer d'emblée la R5 électrique dans le sillage de sa grande sœur thermique, qui a fait les beaux jours de Renault avec plus de 5 millions d'exemplaires vendus dans les années 1970.

La R5 E-Tech pour rejouer le coup de la Fiat 500

Avec la R5 E-Tech, Luca de Meo, l'actuel patron de Renault, veut rejouer le coup de la Fiat 500. En 2007, le Milanais, alors directeur commercial de Fiat, se voit confier par son mentor Sergio Marchionne, le big boss, la lourde charge du lancement de la nouvelle version de la Topolino, icône des années 1960. Le succès est instantané, il installe la nouvelle Fiat 500 dans le podium des meilleures ventes du groupe italien… et Luca de Meo dans la liste mondiale des huit personnalités les plus influentes du monde de l'automobile en 2007. L'idée n'est donc pas nouvelle – relancer un ancien modèle à la forte charge affective – ; elle est à la clé de beaux succès, comme l'immense réussite de la Mini de BMW, mais aussi de quasi-échec, comme la New Beetle de Volkswagen, qui n'a jamais réussi à faire oublier la Coccinelle, sa célèbre ancêtre.

Avec la R5 E-Tech, le pari du Renault est d'une tout autre ampleur. Il présente un triple enjeu : relancer une marque populaire, mais dans le secteur de l'électrique qui n'a encore rien de populaire, à un prix que Renault veut rendre attractif pour un tel véhicule, annoncé sous les 25 000 euros. Une gageure. D'autant que la notion de prix plancher – 25 000 euros, tout de même ! – est, pour la voiture électrique, synonyme de faible autonomie et de recharge lente, voire très lente. En l'occurrence, pour ce que l'on croit savoir de la R5 E-Tech d'entrée de catalogue, une petite batterie de 40 kWh assorti d'un chargeur plutôt poussif. Attention, pour les clients tentés par l'expérience, au risque de déception quand il s'agira d'utiliser son véhicule pour de longs trajets.

Ristournes sous contrainte pour les Européens

Le problème, c'est que Renault n'a pas le choix. Depuis plusieurs mois, la guerre des prix est lancée. D'abord sous l'impulsion du gouvernement, imposant des prix planchers aux constructeurs pour pouvoir faire entrer leurs véhicules dans la liste très convoitée du leasing social, et en fixant une limite de 47 000 euros maximum pour l'attribution du bonus écologique. Un tour de force quand on sait que ce bonus, en outre, exclut les voitures électriques produites hors d'Europe. C'est pour cette raison que la Dacia Spring, la low cost électrique de Renault commercialisée à moins de 20 000 euros, mais produite en Chine, ne peut désormais plus bénéficier des bonus. Les constructeurs européens ont donc dû se résoudre à produire des automobiles « propres » à des prix plus attractifs, chacun y allant de son modèle « témoin », la R5 pour Renault, mais aussi la C3 électrique dans le groupe Stellantis, la future ID.2 de Volkswagen, attendue en 2025...

Des automobiles vertes à mobilité réduite

Mais, pour toutes ces automobiles, il y a un sacrifice à la clé pour les acheteurs : l'autonomie et la rapidité de la recharge. On l'a vu, il ne peut pas exister, en Europe, de véhicules électriques produits à bas coût sans de douloureuses concessions sur la taille des batteries et la puissance des chargeurs embarqués. Ce qui réduit l'usage des véhicules concernés à des trajets autour du domicile. Une restriction qui ne concerne pas les véhicules thermiques de même catégorie, la question de l'autonomie ne se posant pas pour eux… Certes, la guerre des tarifs a également concerné des véhicules un peu plus haut de gamme, comme la C4 électrique, l'Opel Corsa Electric, la e-208, la e-2008, la Megane E-Tech, et bien d'autres encore. Mais pour certains d'entre eux, il s'est tout simplement agi d'un retour en arrière : la glissade des prix de 2023 consistant à annuler les hausses enregistrées les années précédentes. Cela n'empêche pas les voitures électriques, dont le prix moyen continue de dépasser 42 000 euros, de demeurer entre 30 % et 40 % plus chères que leurs équivalentes thermiques.

La fin des vaches grasses

Des mois durant, les constructeurs n'ont en effet pas lésiné sur la courbe ascendante des prix catalogue. La rareté des composants, liée notamment à la guerre en Ukraine, avait provoqué une pénurie de véhicules. En réalité, une aubaine financière pour les groupes automobiles qui, en conséquence, se sont concentrés sur les modèles haut de gamme les plus rentables. Avec, à la clé, une hausse des tarifs catalogue en moyenne de l'ordre de 40 % en deux ans, et des bénéfices spectaculaires... L'effet rareté s'étant largement estompé, c'est la fin des vaches grasses. Les baisses de tarifs constatées en 2023 consistent simplement à réduire les marges des fabricants. Mais elles ne correspondent en rien à des économies dans les coûts de production.

Il faut dire que, pour les constructeurs européens, le temps béni des fortes marges appartenant au passé, l'équation de la baisse des prix est subitement devenue beaucoup plus difficile à résoudre. Surtout quand des constructeurs, comme Tesla, jouent les trouble-fêtes. L'américain ne s'est pas privé de bousculer le marché, en offrant des ristournes spectaculaires, notamment sur son Model Y, la voiture électrique la plus vendue au monde. Son tarif a ainsi fondu, de près de 46 000 euros lors de son arrivée sur le marché français en 2022 à moins de 38 000 euros au tout début 2024... Ces 8 000 euros de ristourne, au passage restés en travers de la gorge des acheteurs de 2022, ont en définitive coûté très cher aux Français, obligés de produire dans la zone européenne quand l'américain importe de Shanghai l'essentiel de ses Model Y vendus sur notre territoire.

Avantage compétitif imbattable pour la Chine

Car il y a un facteur qui n'a guère changé : tous les indicateurs sur le coût de fabrication d'un véhicule électrique démontrent un avantage compétitif en faveur de la Chine absolument imbattable. Qu'il s'agisse des salaires, des prix des matières premières et de l'énergie... impossible pour un européen de s'aligner sur les offres chinoises en matière de tarifs. Luca de Meo, dans un entretien accordé au quotidien *Le Monde* en mars 2024, a fait ses calculs : « Une voiture du segment C "made in China" [l'équivalent d'une Renault Austral, d'une Peugeot 3008 ou d'une Volkswagen Tiguan] bénéficie d'un avantage coût de 6 000 à 7 000 euros par rapport à un modèle européen équivalent. Environ 25 % du total. » Cet écart se retrouve à peu près dans les mêmes proportions dans tous les segments des catalogues automobiles. Cela fait longtemps que les constructeurs chinois ont mesuré cet avantage compétitif, et ils comptent bien en bénéficier. Jusqu'à présent, et contrairement aux idées reçues, leur offensive commerciale portait sur les modèles plutôt haut de gamme, distribués au compte-gouttes. Histoire d'apporter la preuve qu'en Chine on sait aussi construire des automobiles de qualité. Pour Pékin, le temps est venu d'entrer dans la deuxième phase de la conquête. La guerre commerciale aura bien lieu, et elle sera violente.

Troisième partie

L'incroyable cadeau de l'Europe à la Chine

14

Pékin déclare la guerre commerciale aux européens

On les avait vus poindre leur nez au Mondial de l'automobile, à Paris, en 2022. Ils sont désormais installés en France : les constructeurs chinois ont fait du marché européen, et partant français, leur cible commerciale privilégiée. Certes, leurs noms sont encore largement inconnus du grand public : BYD (acronyme du slogan du principal constructeur chinois : « *Build Your Dreams* », « construisez vos rêves ») ; XPeng, l'un des plus sérieux concurrents de Tesla ; Dongfeng, fondé en 1969 (eh oui, si vieux déjà !) ; Geely, le fabricant d'électroménager qui s'est offert le vénérable suédois Volvo en 2010 et développe sa marque électrique Lynk & Co ; Leapmotor, l'une des jeunes pousses 100 % électrique, à peine connu en Chine, mais déjà présent en France avec sa minuscule T03, élue meilleure citadine électrique ; Nio, là encore un « *pure player* » de l'électrique, sauvé de justesse de la faillite par de généreux fonds publics chinois régionaux ; Aiways, créé à Shanghai en 2017 par deux anciens de Volvo Chine, qui possède un centre de recherche et développement en Allemagne ; et enfin la marque mythique MG, qui n'a plus rien de britannique et dont des milliers d'automobiles 100 % électriques sillonnent déjà nos routes.

Tous ces constructeurs, que personne ne connaissait encore il y a une poignée d'années en Europe, ont désormais établi leurs bases commerciales sur le Vieux Continent. Avec un objectif : conquérir ce vieux marché de l'automobile de 12 millions de véhicules. Au point de congestionner les principaux ports européens. À Calloo, sur la côte de la mer du Nord, à quelques kilomètres d'Anvers, ou à Zeebruges, les immenses parkings des principaux ports de Belgique, censés accueillir jusqu'à 130 000 véhicules, sont aujourd'hui trop exigus. C'est que, depuis des mois, des supercargos affrétés par les constructeurs chinois, capables d'accueillir chacun 7 000 automobiles et plus, déversent sans discontinuer leur flot de véhicules « *made in China* », destinés à inonder les marchés d'exportation, dont principalement l'Europe. Ils auraient tort de s'en priver : la Commission européenne, qui aujourd'hui s'en mord les doigts, a tout fait pour les accueillir dans cette conquête.

Les voitures chinoises ne sont plus des cercueils roulants

Il est fini le temps des voitures chinoises considérées, à la fin des années 1990, au mieux comme des tas de ferraille, au pire comme des cercueils roulants. Aujourd'hui, les gammes de véhicules que présentent ces concurrents de l'empire du Milieu n'ont pas à rougir de honte face à leurs concurrentes européennes. Bien au contraire. Elles sont au goût du jour, modernes dans leur look, ultra-connectées, bourrées de technologies, et bien finies (souvent mieux que leurs petites concurrentes françaises aux plastiques souvent mal dégrossis). Et en plus, elles sont fiables. Il n'est pas rare qu'elles offrent des garanties allant jusqu'à huit ans (qui dit mieux chez Renault ou Stellantis ?). Enfin, miracle, elles figurent au meilleur rang des *crash* tests. Et pour cause, il est beaucoup plus facile de concevoir une voiture résistante avec un moteur électrique qu'avec un moteur thermique. Pour simplifier, une motorisation électrique occupe beaucoup moins de place sous le capot, ce qui offre une grande latitude pour concevoir les tôles déformantes qui assurent la sécurité d'un véhicule.

Résultat des courses, après des débuts balbutiants, ces automobiles s'invitent dans les meilleures places des palmarès des ventes de véhicules électriques. Il faut dire qu'elles disposent d'un atout définitif et imparable : elles sont beaucoup moins chères que leurs concurrentes européennes. Ce sont elles qui, les premières, ont lancé la bataille des prix sur la voiture électrique. Y compris avec des modèles haut de gamme que les constructeurs chinois, contre toute attente, cherchent à imposer sur nos terres. En Europe, l'un des principaux dangers dans la bataille commerciale s'appelle MG. La marque s'est lancée dans une offensive tous azimuts, qui s'est vite traduite dans les chiffres de vente : autour de 300 000 véhicules vendus en 2023, un chiffre doublé par rapport à 2022, et sans équivalent avec la poignée de véhicules commercialisés les années précédentes. En France, les MG, dont le rapport qualité-prix est imbattable, ont enregistré une hausse de plus de 160 % de leurs ventes en 2023, et la marque ouvre à tour de bras de nouvelles concessions : 200 attendues en 2024 (presque autant que Toyota), contre 150 l'année précédente.

On y présente une gamme complète de véhicules électriques, dont la redoutable MG4, lancée en France à un tarif (moins de 30 000 euros) inférieur de 12 000 euros à ses concurrentes française ou allemande, la Megane E-Tech de Renault ou la ID.3 de Volkswagen. Et, pour contrer la réforme du bonus – conçue pour favoriser les véhicules fabriqués en Europe (on y reviendra ultérieurement) –, la marque chinoise compte bien s'implanter industriellement sur le Vieux Continent.

MG et BYD, les outsiders aux dents longues

Il faut dire que ses poches sont profondes : MG est détenu par un mastodonte parapublic chinois, SAIC, qui vend plus de 5 millions de véhicules thermiques et électriques par an et dispose de fonds quasi illimités. Quand on sait que la conquête du marché automobile du Vieux

Continent est un objectif clairement affiché par les autorités publiques chinoises, on imagine volontiers la force de frappe financière dont dispose ce constructeur. Son actionnaire, SAIC, vient d'ailleurs de se doter d'une armada de dix-sept bateaux rouliers, les « Ro-Ro », chargés de convoyer vers l'Europe des dizaines de milliers de véhicules. Le premier d'entre eux, avec ses 200 m de long, ses 38 m de large et ses treize étages de parking flottant, peut transporter en un seul voyage pas moins de 7 600 voitures particulières...

Si MG a défrayé la chronique ces derniers mois avec des véhicules que le grand public français commence à identifier, l'autre géant, BYD, n'est pas en reste. Lors de la présentation de ses comptes, Wang Chuanfu, le big boss du premier constructeur mondial à franchir, à la mi-2023, la barre symbolique des 5 millions de véhicules électriques vendus, n'y est pas allé de main morte. Son message : « Je crois que le temps est venu pour les marques chinoises ». En l'occurrence le temps « de démolir les vieilles légendes de l'automobile », comme l'affirme haut et clair le groupe dans une présentation vidéo de ses ambitions. En somme, BYD, le « construisez vos rêves » chinois, a bel et bien l'ambition de devenir le cauchemar des constructeurs de l'ancien temps, ceux des moteurs à explosion, sacrifiés sur l'autel de l'écologie par l'effarante décision européenne. Au passage, l'ambition du chinois n'est pas seulement la conquête de l'Europe : BYD s'est même offert le luxe de dépasser les ventes mondiales du tout-puissant Tesla.

Là encore, le groupe aux 600 000 employés – qui a largement contribué au gonflement de la fortune d'un certain Warren Buffett – a les moyens de ses ambitions. Le géant dispose, entre autres, d'une carte maîtresse : la maîtrise totale des batteries. BYD en est l'un des principaux fabricants au monde, et il s'offre même le luxe de fournir ses propres concurrents. De fait, Tesla, BMW, Mercedes, Audi, Toyota, Ford, etc. dépendent largement du chinois pour alimenter en énergie leurs moteurs électriques…

L'automobile chinoise profite de prix de fabrication imbattables

En outre, les prix de revient des véhicules du groupe de Shenzhen sont quasiment imbattables. Comme pour les autres constructeurs locaux, ils sont de l'ordre de 20 % à 30 % inférieurs à ceux constatés en Europe. En Chine, le modèle de BYD le plus abordable, la Seagull, vaut désormais moins de 9 000 euros. Le même modèle est annoncé en France à des prix compris entre 18 000 et 20 000 euros, ce qui donne une idée de la marge de manœuvre du chinois. Pas étonnant, dans ces conditions, que, sur nos terres commerciales, la bagarre se joue sur le terrain du rapport qualité-prix. En Europe, BYD proposait, fin 2023, pas moins de cinq véhicules. Contrairement à toute attente, le constructeur s'est attaqué au marché lucratif des véhicules haut de gamme, voire de luxe comme la berline Han ou le Tang, un gros SUV de sept places, dont les prix dépassent largement les 70 000 euros... nettement moins, cependant, que la concurrence des BMW, Audi ou autres Mercedes.

Cela n'a pas empêché le constructeur d'abattre une nouvelle carte en 2023, la Dolphin, une plus petite berline électrique, de plus de 400 km d'« autonomie » et à moins de 30 000 euros. Enfin, il n'aura pas échappé aux amateurs éclairés cette nouvelle qui a très certainement ravi le géant chinois : en février 2024, un de ses modèles, la Seal, figurait en bonne place parmi les finalistes du prix de la Voiture de l'année, aux côtés de concurrentes comme la BMW Série 5, la nouvelle Peugeot 2008, la Toyota C-HR, ou la Volvo EX30. Ce prix, décerné chaque année depuis 1964 par un jury de cinquante-huit journalistes représentant vingt-deux pays, est une institution. C'est la toute nouvelle Scénic de Renault qui l'a emporté. Ouf, l'honneur des européens est sauf. Mais il n'est pas anodin que, pour la première fois de l'histoire du prix, un modèle d'une marque chinoise arrive à ce stade élevé de la compétition...

À côté de ces constructeurs chinois déjà très présents en France, d'autres rêvent de s'y faire une place au soleil. Nio, qui se présente comme le concurrent direct de Tesla – son modèle phare, l'ES8, se veut le Tesla Model X chinois – a annoncé son arrivée sur le territoire français au travers d'une force commerciale d'une centaine de points de vente à terme. Après la Suède, le Danemark et la Norvège, pays européens très avancés sur l'électrique, et considérés par les chinois comme une porte d'entrée évidente en

Europe, puis l'Allemagne et les Pays-Bas, Nio va s'attaquer en France au segment du haut de gamme, en rival des modèles premium allemands.

Autre constructeur chinois qui frappe assidûment à la porte du marché français, XPeng, également présent en Europe du Nord depuis 2021, vise lui aussi le haut de gamme. Avec une particularité : des temps de recharge des batteries de ses véhicules affichés de 10 minutes pour 300 km d'autonomie… De quoi faire pâlir de jalousie les meilleures du genre, en l'occurrence les Tesla d'Elon Musk.

Que dire, enfin, du partenariat imaginé entre le français Stellantis et le chinois Leapmotor, cette coentreprise qui permettra au français de vendre les voitures électriques 100 % chinoises de sa filiale (Stellantis a carrément acheté Leapmotor) dans son propre réseau commercial, en France, bien sûr, mais aussi dans d'autres pays européens comme l'Allemagne, l'Italie, l'Espagne, le Portugal, la Belgique, les Pays-Bas, la Grèce, et même la Roumanie… Une offensive massive, au travers, à terme, de 500 points de vente dans lesquels on pourra trouver des voitures électriques de la marque Leapmotor, comme la T03, concurrente de la Dacia Spring, ou le C10, qui vise le marché des Tesla Model Y, les deux vendues à des prix défiant toute concurrence européenne ! Des véhicules aujourd'hui importés de Chine, mais demain fabriqués en Pologne pour pouvoir faire profiter aux clients des bonus à l'achat. Ces deux premières wattures seront suivies d'au moins un nouveau modèle par an au cours des trois prochaines années.

C'est dire si l'expérience va être scrutée de près, d'autant que Stellantis promet de mettre à la disposition de la marque chinoise tout son savoir-faire en marketing, et aux futurs clients l'efficacité du service après-vente et du réseau du français. De quoi mettre la concurrence sur les dents et s'interroger sur cette initiative que d'aucuns jugent quelque peu cavalière.

Par chance pour nos constructeurs nationaux, la route promet d'être longue et pentue pour les conglomérats chinois qui briguent notre marché, du moins pour ceux qui ne profiteront pas d'un marchepied européen, rôle peu glorieux que va jouer Stellantis avec Leapmotor. Il faudra sans doute quelques années avant de gagner le cœur d'automobilistes très attachés à leurs marques nationales. Selon l'Observatoire Cetelem, qui sonde le cœur des usagers de l'automobile à l'occasion de son étude mondiale annuelle, seulement 39 % des Français en 2023 ont une bonne image des marques chinoises, loin derrière les européennes (90 %), japonaises (76 %), américaines (68 %) et coréennes (62 %). L'image dégradée de la voiture chinoise, que nous évoquions plus haut, est tenace. Mais quand on les interroge sur le nerf de la guerre, le prix d'achat, le propos des possibles futurs clients est bien différent. 34 % des personnes interrogées leur reconnaissent un bon rapport qualité-prix contre 30 % pour les marques européennes, et 21 % pour les américaines. Seules les constructeurs japonais ou coréens font mieux.

Trois Français sur dix prêts à acheter une voiture chinoise

Résultat : 28 % des Français sondés se disent prêts à acquérir une voiture chinoise, près de trois Français sur dix. Ce n'est pas le Graal, mais le signe d'une marque d'intérêt naissante.

Certes, avec quelques dizaines de milliers de véhicules vendus en France en 2023, les constructeurs chinois sont loin, très loin, de figurer sur les premières marches des palmarès de vente de véhicules électriques. Leur part de marché, estimée à 6 % en Europe, n'est pas en mesure de faire de l'ombre aux constructeurs de l'Union. D'autant que ces chiffres intègrent les immatriculations de véhicules fabriqués en Chine pour le compte des marques européenne ou américaines, comme Tesla, Smart, Dacia Spring, ou certains modèles Volvo.

Mais l'ambition est bel et bien là. En attestent les chiffres délivrés par les douanes françaises, en charge de l'analyse des statistiques du commerce extérieur français. Entre 2021 et 2022, les importations chinoises en France ont explosé de plus de 150 %. En 2023, cette tendance s'est brutalement accélérée : le géant asiatique est passé du 19e au 7e rang des pays important le plus de voitures dans l'Hexagone. Au point de dépasser, dès le milieu de 2023, la Roumanie de Dacia, le Maroc de Renault et Stellantis, ou la Corée du Sud de Kia ou Hyundai. Seuls les véhicules importés d'Allemagne ou d'Espagne ont continué de faire mieux.

On le répète, quand on parle des volumes de ventes, les données font moins mal : on parle de moins de 2 milliards d'euros de voitures chinoises importées. Mais quand on concentre ces chiffres sur l'électrique, les statistiques font froid dans le dos : un quart des importations de véhicules électriques en France sont chinoises, y compris les Tesla ou la Dacia Spring fabriquées à Shanghai.

D'après une étude du cabinet spécialisé JATO Dynamics, sur le créneau de l'électrique, la part de marché des constructeurs chinois a été multipliée par douze en Europe depuis 2019. Personne n'a fait mieux. Et on voit mal ce qui pourrait freiner cette vague. Dans tous les grands salons automobiles européens, les constructeurs de l'empire du Milieu s'offrent des milliers de mètres carrés d'exposition, quand les « nationaux » désertent les halls.

À l'occasion du dernier salon européen en date, début 2024 à Genève, à part Renault, qui a profité de l'occasion pour présenter sa R5 électrique, les autres européens se sont fait porter pâle. Pas de Fiat, de Peugeot, de BMW, de Volkswagen, d'Audi ou de Mercedes dans les travées du salon. En revanche, il était impossible de passer à côté du stand de 1 000 m² que s'est offert BYD pour y présenter son premier modèle hybride rechargeable en Europe, ou ses modèles électriques haut de gamme YangWang ou Denza. À quelques encablures, MG présentait sur son stand sa citadine hybride MG3, 15 % à 20 % moins chère que ses concurrentes, conçue pour tailler des croupières à la Renault Clio, à la Peugeot 208, à la Toyota Yaris.

60 % des voitures à pile vendues dans le monde viennent de Chine

Les géants chinois, on l'a bien compris, bénéficient à plein de coûts de fabrication sans commune mesure avec les coûts européens. On l'a vu d'ailleurs à l'occasion du grand salon automobile de Pékin, qui s'est tenu en avril 2024 : la centaine de fabricants de véhicules à énergie nouvelle (hybrides ou électriques) chinois se livrent à une bataille acharnée sur les prix, pour pouvoir imposer leurs modèles. Pour preuve, les tarifs annoncés par les constructeurs chinois sur une kyrielle de modèles vendus entre 7 000 et 12 000 euros en Chine. Qu'on ne s'y trompe pas : ces véhicules sont promis à la vente en Europe à moins de 20 000 euros, avec à la clé encore une belle rentabilité. Les chinois profitent d'un marché domestique de l'ordre de 30 millions d'unités produites chaque année (le tiers de la production planétaire !), quand l'Europe en compte une douzaine seulement, pour amortir le coût de fabrication de leurs véhicules. Une Europe qui n'a pas peur de prendre le risque d'étouffer ses propres constructeurs avec la règle du tout-électrique en 2035, quand la Chine n'hésite pas à multiplier les soutiens financiers à une industrie que le pays considère comme prioritaire. Ne l'oublions pas, près de 60 % des véhicules électriques vendus dans le monde sont chinois, et l'empire du Milieu, en 2023, a détrôné le Japon comme premier exportateur automobile mondial.

Le problème, c'est que dans ses rêves de conquête mondiale, la Chine n'a pas que l'arme de l'invasion commerciale dans son viseur. Sa volonté d'hégémonie est aussi industrielle. Cela fait longtemps que les conglomérats chinois ont trouvé la parade pour détourner les maigres pare-feux mis en œuvre par les États européens pour freiner leurs velléités d'expansion. La solution est simple : installer, à coups de milliards d'euros, leurs propres industries sur le Vieux Continent, histoire de rendre « euro-compatibles » leurs unités de combat économiques.

15

L'Eldorado européen attire les loups industriels chinois

À Bercy, on croyait avoir trouvé la parade. Bouleverser les règles du bonus automobile en faveur de l'électrique pour exclure des aides de l'État les véhicules qui ne sont pas construits en Europe. Comme aime à le répéter Bruno Le Maire, notre ministre de l'Économie d'alors : « Nous n'avons pas vocation à financer sur fonds publics le développement économique de l'Asie, qui n'a d'ailleurs pas besoin du soutien financier du contribuable français ». C'est la moindre des choses... Au passage, dommage que ce type de raisonnement de bon sens n'ait pas suffi à convaincre les autorités européennes de renoncer à leur décision inique d'interdire les véhicules thermiques neufs en Europe à partir de 2035...

L'idée, dans les couloirs feutrés de Bercy, est d'empêcher, grâce au barrage des nouveaux bonus, la déferlante sur nos routes des véhicules construits en Chine, qu'ils soient de marque chinoise ou pas – la Dacia Spring, la Model 3 de Tesla, fabriquées respectivement à Wuhan et à Shanghai, ou la Smart, qui a quitté la Moselle pour être produite par le chinois Geely. Au nom du maintien d'une industrie européenne forte. Message reçu cinq sur cinq par les géants chinois qui ont vite compris comment détourner cette barrière de fortune : en produisant leurs propres modèles directement sur le territoire européen… En somme, non seulement ces constructeurs ont des visées commerciales sur nos territoires, mais ils songent aussi à les conquérir industriellement. Il fallait y penser. Le plus cocasse, si l'on peut dire, c'est que les grandes économies européennes se battent pour les accueillir. L'Espagne, l'Allemagne ou la France ont fait ainsi assaut d'amabilités pour abriter l'usine européenne de BYD.

La France n'aura pas son cadeau de Noël

Décembre 2023, à la veille du week-end de Noël, la France, dont le gouvernement pensait pourtant avoir toutes ses chances, n'aura pas son cadeau. C'est la Hongrie qui finalement remporte le gros lot, ce projet de construction d'une usine géante par le géant chinois. Viktor Orban se frotte les mains, et son ministre des Relations économiques extérieures, Péter Szijjarto, n'est pas peu fier d'annoncer que ce projet « sera l'un des investissements les plus importants de l'histoire de l'économie hongroise ». À la clé, plusieurs milliards d'euros d'investissement – en décembre, BYD n'avait pas encore précisé le montant mis sur la table –, l'embauche de plusieurs milliers de salariés, et la production d'une armada de véhicules qui pourront, en toute quiétude, inonder le marché européen ! Car la construction d'une usine européenne va permettre au chinois de détourner, entre autres, les restrictions du nouveau bonus français... On comprend que le chinois, sur le réseau social X (ex-Twitter), se félicite avec ce projet de franchir « une étape significative vers la mobilité verte en Europe ». Que c'est joliment dit.

N'en déplaise aux déçus, le choix de la Hongrie n'a en réalité rien de bien étonnant. BYD avait déjà posé ses premiers jalons dans ce pays en 2016, avec la production de bus électriques dans la ville de Komárom, à l'ouest de Budapest. Cette fois, son choix s'est porté sur la cité de Szeged, à proximité de la frontière roumaine. Le géant chinois n'aura, il faut le dire, que des bénéfices à fouler à grands pas le tapis rouge déroulé par Viktor Orban, qui depuis longtemps privilégie les « routes de la soie » chinoises et veut faire de la Hongrie le cheval de Troie de l'industrie de l'empire du Milieu en Europe (nous aurons l'occasion d'y revenir). Il en a, en plus, largement les moyens. En 2023, BYD, qui a tout simplement quadruplé ses exportations dans le monde, a annoncé un bond de 42 % de son chiffre d'affaires, à près de 77 milliards d'euros, et de 81 % de son bénéfice, qui avoisine les 4 milliards d'euros.

BYD n'est pas le seul consortium à dérouler cette stratégie d'investissement industriel dans l'Union européenne.

Les Chinois mettent le pied dans la porte du Vieux Continent…

L'Eldorado du véhicule électrique y est tellement prometteur que la perspective de produire des voitures à coûts pourtant plus importants que sur le territoire chinois n'effraie pas grand monde. En tout cas pas MG, qui cartonne déjà sur le Vieux Continent avec ses ventes records, et songe également à franchir le pas. La filiale du chinois SAIC Motor compte bien, elle aussi, implanter une unité industrielle en Europe. En février 2024, son choix n'était pas encore fait. Et une fois encore, la France – où MG réalise parmi ses meilleurs scores de ventes en Europe –, l'Allemagne et l'Espagne étaient sur les rangs.

Autre chinois à s'intéresser de près à la production européenne, Geely. Il faut dire que le groupe, qui a acquis 100 % de Volvo en 2010 et fabrique la Smart en Chine, n'y est pas en terre inconnue. C'est d'ailleurs depuis Göteborg, le siège de Volvo, que les dirigeants du chinois ont annoncé leur intention d'investissement dans une usine de production automobile, sans pour autant préciser le lieu de son implantation. La Suède tient la corde, mais le Royaume-Uni est également dans la course. Là aussi, Geely y a ses habitudes : il a acquis, en 2012, London Taxis International, maison mère des célèbres taxis noirs de Londres. Geely, qui écoule aujourd'hui dans le monde autant de véhicules de sa marque que de sa filiale Volvo, est aussi implanté dans l'Europe de l'Est, autre terre d'accueil où les coûts de production sont réputés moins élevés que dans les pays de l'Europe occidentale.

Autre géant chinois à démarcher activement l'Europe, le groupe Chery a choisi, lui, la voie de l'association. Le constructeur a annoncé, en avril 2024, la création d'une coentreprise avec la firme espagnole Ebro-EV Motors. Un coup de maître : grâce à cette association, Chery, peu connu en Europe, va s'implanter dans une ancienne usine de Nissan à Barcelone, fermée en 2021. En réactivant les lignes de production déjà opérationnelles dès la fin de l'année 2024, le constructeur va doubler ses concurrents en devenant le premier chinois à produire directement des véhicules sur le continent européen.

Voilà, donc, quatre des principaux concurrents asiatiques pour les européens qui ont franchi le pas d'une implantation industrielle en toute impunité. Au contraire même, puisque, au nom de sa réindustrialisation, l'Europe se prépare à accueillir à bras ouverts ces redoutables compétiteurs. C'est ce qui s'appelle tomber dans la gueule du loup.

... pendant que les européens sont poussés vers la sortie en Chine

Le paradoxe, c'est que, dans le même temps, la plupart de nos champions européens, ou les Occidentaux, se retirent du marché chinois, ou bien, au mieux, se contentent d'y ramasser quelques miettes. Car les Chinois ont bien compris, eux, que la maîtrise de leur marché intérieur constituait le meilleur fer de lance pour partir à la conquête de contrées plus lointaines. Cela fait longtemps que l'empire du Milieu a pour intention de devenir l'une des grandes puissances mondiales de l'automobile.

Dès la fin des années 1990, les pouvoirs publics chinois se sont donné un objectif : créer des groupes automobiles à même de dominer le secteur à un horizon d'une vingtaine d'années. Il faut dire qu'à l'époque, le marché est balbutiant, la voiture demeure un luxe inaccessible à l'immense majorité de la population chinoise. Et la Chine doit surmonter un handicap majeur : faute d'avoir investi dans les technologies de l'automobile, le pays reste un nain industriel avec une maîtrise très limitée du moteur thermique. L'objectif de l'époque : passer des accords avec des géants mondiaux éprouvés et créer des coentreprises avec des partenaires locaux.

L'idée, classique en Chine, est en réalité d'importer des savoir-faire pour ensuite, après les avoir aspirés, développer une industrie locale puissante. Un copier-coller qui a fait la fortune de l'empire du Milieu dans des domaines, entre autres, comme le nucléaire, le ferroviaire ou l'aérien. La Chine est ainsi devenue l'un des premiers constructeurs de réacteurs nucléaires – qu'elle maîtrise aujourd'hui mieux que la France… –, a mis sur les rails début 2024 son train Hyperloop, le plus rapide du monde avec une vitesse record de 1 000 km/h, supérieure à celle d'un avion de ligne, produit elle-même des aéronefs par centaines d'unités, après avoir « invité » sur son sol les usines d'Airbus…

Dans le domaine de l'automobile, l'histoire n'est pas la même. Certes, en une décennie, entre 2000 et 2010, la production a quasiment décuplé, passant de 2 millions de véhicules à quelque 18 millions. Des géants automobiles, pour la plupart à capitaux publics – contrôlés soit par l'État, soit par les régions –, ont émergé. Mais toujours en association avec d'autres constructeurs mondiaux, comme Volkswagen en Europe ou General Motors aux États-Unis. Une explosion du marché qui en réalité traduisait un échec : l'incapacité, pour ces constructeurs chinois, de s'émanciper de leurs « alliés » occidentaux dans le moteur thermique.

Qu'à cela ne tienne. Très vite, les pouvoirs publics ont fait le constat de cet échec. Du coup, l'objectif a changé : cap sur l'électrique avec, à la clé, des centaines de milliards de dollars d'aides et de subventions au secteur (voir le chapitre 17 : « Bruxelles tente de contrer, un peu tard, les assauts chinois »). Tout est allé très vite : entre 2020 et 2023, la Chine, qui n'exportait quasiment pas d'automobiles, est devenue (on l'a dit) le premier exportateur mondial devant le Japon et l'Allemagne. En 2019, le commerce extérieur chinois était dans le rouge pour le secteur automobile, aujourd'hui, il produit un excédent commercial de plus de 100 milliards de dollars par an. Excusez du peu.

Pas question de partager le gâteau

Hors de question, en revanche, d'inviter les anciens alliés occidentaux à partager ce pantagruélique gâteau. C'est le pendant de cette décision stratégique. Cette fois, on donne aux constructeurs locaux l'obligation de mener cette conquête seuls, en toute autonomie. Certes, on veut bien accueillir quelques unités de fabrication occidentales sur le sol chinois, à des fins de saine stimulation de la concurrence. D'où le feu vert donné à Tesla pour son immense usine à Shanghai. Mais l'objectif est bien de supplanter les General Motors, Volkswagen et autres sur le territoire chinois, à coup de dizaines de milliards de dollars d'aides et de subventions dont bénéficieront les acteurs locaux. Aux côtés des plus anciens constructeurs chinois apparaissent une pléiade de start-up : Leapmotor, XPeng, Hozon, Nio, etc., créées de toutes pièces pour aiguillonner la concurrence. Aujourd'hui encore, une firme comme Nio, qui se veut le Tesla chinois dans la technologie de ses véhicules électriques, perd plus de 30 000 euros par véhicule produit… Ce qui n'a pas empêché la start-up, montée de toutes pièces par Tencent, l'immense conglomérat chinois des télécoms et des jeux vidéo, de lever plus de 2 milliards de dollars auprès d'investisseurs internationaux à la fin de 2023… Des dizaines de marques innovantes ont ainsi vu le jour en Chine, en quelques années.

À côté de cela, c'est tout un écosystème qui s'est mis en place, propulsé par cet objectif politique : une maîtrise totale de la construction des batteries, la mainmise organisée depuis des années sur les métaux rares et les matières premières indispensables, un capital humain enrichi de milliers d'ingénieurs parmi les meilleurs au monde dans ces domaines...

Les champions occidentaux ringardisés à Pékin

Le résultat de cette démarche volontariste et prochinoise est éloquent : en 2023, il s'est vendu en Chine plus de 6 millions de véhicules électriques ou hybrides. Un record. Mais dans le podium des dix premiers fabricants de ce que l'on appelle à Pékin les véhicules à énergies nouvelles (VEN), une seule marque étrangère figure encore, Tesla. La seule rescapée des firmes occidentales. Actuellement, 80 % des VEN vendus en Chine sont... chinois. Qui plus est, ils apparaissent aujourd'hui résolument modernes, bourrés de technologie, ultra-connectés, et sont en moyenne 30 % moins chers que leurs concurrents thermiques !

Ce succès écrasant a un pendant douloureux, du moins pour les constructeurs occidentaux, ringardisés aux yeux de la clientèle chinoise. Alors que la part des marques étrangères sur le marché chinois s'élevait encore à 60 % en 2020, elle est passée sous la barre des 40 %. Et la glissade n'en finit pas. Chaque mois, ou presque, on apprend le retrait ou le recul d'un constructeur étranger.

Les américains GM ou Ford voient leurs ventes s'effondrer, au point que ce dernier a récemment décidé d'alléger drastiquement ses coûts, avec à la clé plus de 1 000 emplois supprimés. Les constructeurs japonais, dont les ventes ont en moyenne décroché d'un tiers en 2023, boivent la tasse sur le marché chinois : le géant nippon Toyota mais aussi Nissan, Mazda ou encore Honda voient leurs volumes de ventes se rétrécir mois après mois ; Mitsubishi a carrément décidé d'abandonner la partie. Un européen comme Volkswagen, dont les ventes en Chine représentaient encore plus de 40 % des volumes mondiaux vendus par le groupe, est sur la même tendance. BMW, Mercedes subissent un sort identique.

Tous cherchent, à la hâte, des solutions pour ne pas être exclus du marché chinois. Quitte à envisager un abandon progressif de leur propre technologie pour adopter une technologie locale considérée comme plus compétitive. Et à faire des sacrifices dantesques sur leurs prix de vente, au risque certain de réduire fortement leur rentabilité. Un coup dur pour le « *Made in Germany* », hier encore un puissant fer de lance marketing pour clientèle chinoise.

Stellantis jette l'éponge de sa Jeep chinoise

Le français Stellantis s'est résolu à ne plus produire de Jeep sur le territoire chinois, en claquant la porte de la coentreprise montée en 2010 avec son partenaire chinois GAC, sur fond de désaccord avec l'actionnaire majoritaire, en l'occurrence l'État chinois. Le tout en déplorant, dans la bouche même du patron de Stellantis, Carlos Tavares, « la politisation du climat des affaires en Chine ». Ambiance. De quoi poser question sur la pérennité de la coentreprise montée il y a trente ans avec le chinois Dongfeng pour produire et vendre des modèles Peugeot et Citroën. Il faut dire que ces marques sont loin, très loin de faire des étincelles sur le marché chinois... Quant au groupe Renault, en Chine, il brille par son absence, ou presque. Le français y a bien tenté une aventure industrielle, en inaugurant sa première usine à Wuhan, avec son partenaire Dongfeng. Mais le mariage, manifestement pas très heureux, n'aura duré que quelques années. En 2023, le groupe n'a plus qu'une présence symbolique, sans même utiliser la marque Renault. Il faut dire qu'historiquement, dans le cadre de l'alliance Renault-Nissan, aujourd'hui déconstruite, c'était au japonais qu'il incombait d'investir le marché chinois. Mais Renault n'a-t-il pas, finalement, de la chance dans son malheur ? Quand on voit la tournure que prend la présence des occidentaux sur le marché, mieux vaut ne pas avoir à tenter un bras de fer perdu d'avance.

Cette asymétrie est impitoyable. D'un côté, une kyrielle de consortiums chinois à l'appétit aiguisé pour une Europe qui a déroulé son tapis rouge, au nom de la mobilité verte. De l'autre, leurs concurrents occidentaux empêchés de participer à la fête de la fée électricité en Chine, devenu le premier marché automobile de la planète. Il ne faut pas être grand clerc pour imaginer la suite de l'histoire.

Domination écrasante sur les batteries

Il suffit, d'ailleurs, pour imaginer cette suite, d'observer comment l'empire du Milieu a assis sa domination sur ce qui constitue le cœur du réacteur de la voiture électrique, la batterie. On commence à connaître le nom des constructeurs chinois, comme BYD (lui-même un géant de la batterie !) ou GM. On connaît moins celui des fabricants de batteries. Qui sait, par exemple, que le discret Contemporary Amperex Technology Co., Limited, qui se cache sous le sigle CATL, est devenu en quelques années le leader mondial de la batterie électrique et pèse plus de 200 milliards de dollars en Bourse ? CATL n'équipe pas seulement une kyrielle de constructeurs chinois, ses batteries alimentent aussi, entre autres, les moteurs des Tesla, Mercedes, BMW, PSA ou General Motors... Qui connaît le groupe China Aviation Lithium Battery Co., Limited, plus communément appelé CALB, qui, à la fin de l'année 2023, s'est hissé au troisième rang des ventes de batteries en Chine ?

Alimentées par une pluie de subventions et par une politique protectionniste redoutable, les gigafactories chinoises ont inondé le marché mondial. Selon le cabinet Benchmark Mineral Intelligence, on comptait, en 2023, 141 usines géantes sur le territoire chinois, chiffre qui devrait atteindre 191 unités en 2030, compte tenu des projets en cours. À cet horizon, on produira 9 000 gigawattheures de batteries par an en local, alors que le marché intérieur chinois n'en consommerait que 5 000. Le solde étant donc destiné à l'exportation. Mieux encore, si l'on peut dire, la Chine ne se contente pas de construire des usines à l'intérieur de ses frontières.

Les annonces de projets de gigafactories à l'international se succèdent, et l'Europe est une cible privilégiée. Mi-2022, quelques mois après l'inauguration en Allemagne d'un premier site de fabrication de cellules destinées aux constructeurs européens, CATL a annoncé un nouveau mégaprojet en Hongrie, avec plus de 7 milliards d'euros d'investissements. CALB va pour sa part implanter une usine au Portugal. Face à l'arrivée massive de ces mastodontes, l'Europe tente bien de résister. Le groupe Stellantis est associé notamment avec TotalEnergies et Mercedes dans l'entreprise ACC pour la construction de trois gigafactories, dans le Pas-de-Calais, en France donc, mais aussi plus tard en Allemagne et en Italie. Le français Verkor ou le suédois Northvolt sont aussi sur les rangs. Quant à Renault, il a préféré s'allier avec le chinois Envision pour créer sa propre usine à Douai.

Mais dans tous les cas, ces projets n'ont pas la capacité de contrer en totalité la montée en puissance chinoise en Europe. Pour exemple, le dernier projet de CATL en Hongrie représente à lui seul, à l'horizon 2030, une capacité égale aux trois projets de ACC... C'en n'est donc pas fini avec la domination chinoise des batteries.

Un avant-goût, en quelque sorte, de ses ambitions dans la production d'automobiles en Europe. Ambitions aiguillonnées par le fait qu'aux États-Unis, l'autre grand marché mondial à venir de la voiture électrique, les frontières sont hermétiquement fermées à Pékin.

16

Faudra-t-il faire comme les États-Unis (et sortir l'arme lourde pour contrer la Chine) ?

À chacun sa méthode. Pour résumer simplement, à Donald Trump les barrières douanières, à Joe Biden l'investissement massif réservé aux américains. Chacun, à sa façon, a patiemment érigé une solide barrière contre la volonté de montée en puissance de l'économie chinoise aux États-Unis. Y compris, et largement, dans le cadre de l'automobile électrique. La première barrière réside dans l'objectif fixé par les États-Unis, dans le cadre du plan national visant à révolutionner leur paysage énergétique. Le pays n'a pas pour autant eu la tentation de l'oukase définitif, l'interdiction pure et simple, comme l'a décidé l'Europe, de vendre des automobiles thermiques à l'échéance 2035.

67 % de véhicules électriques à l'horizon 2032

Décidé en 2021, le plan initial de Joe Biden consistait à imposer que la moitié des véhicules vendus aux États-Unis en 2030 soient sans émissions, ou à faibles émissions puisque les véhicules hybrides rechargeables restaient autorisés. En 2023, l'objectif est durci, mais dans des proportions qui n'ont rien à voir avec la décision européenne : 67 % de voitures vendues aux États-Unis en 2032 seront électriques, mais dans le cadre d'une forte incitation à une transition naturelle. Pour parvenir à cette transformation, l'administration américaine ne fixe pas un quota précis de véhicules dits « zéro émission » à vendre : elle opte pour imposer une forte restriction des émissions polluantes des nouveaux véhicules produits par chaque constructeur. À charge pour chacun d'entre eux de trouver le meilleur moyen d'y parvenir, en intégrant bien sûr dans leur catalogue des véhicules électriques, mais pas seulement. En somme, l'idée est de contraindre à la décarbonation, mais en laissant libre cours à l'imagination des industriels pour y parvenir. L'objectif officiel est ambitieux, puisqu'il s'agit d'éviter près de 10 milliards de tonnes d'émissions de CO_2 d'ici à 2055, ce qui représente le double des émissions de gaz à effet de serre aux États-Unis en 2022... Mais la méthode laisse chacun libre d'agir comme il l'entend pour y parvenir : alléger les véhicules, améliorer l'efficacité des moteurs, développer l'hybridation, développer le 100 % électrique, etc. Avec, à la clé, des amendes record pour ceux qui ne parviendraient pas à respecter l'abaissement des normes en question.

C'est ainsi que, selon l'EPA, l'agence américaine de protection de l'environnement, les électriques pourraient atteindre 67 % des ventes des véhicules des particuliers (citadines, berlines, SUV, pick-up, etc.) en 2032, 50 % pour les ventes de bus et de camions utilisés dans les collectivités locales (par exemple les camions poubelles), 35 % pour les camions qui parcourent les routes sur de courtes distances, et enfin 25 % pour les trucks qui, cette fois, sillonnent de long en large les *interstates* et autres nationales américaines. Et encore, à quelques mois des élections présidentielles américaines, il était question de revoir ces objectifs à la baisse. Sous la pression des constructeurs américains qui peinent à vendre leurs modèles hybrides ou électriques, sous celle également du tout puissant syndicat de l'automobile UAW qui n'avait guère apprécié les nouvelles normes dévoilées en avril 2023, l'agence de protection de l'environnement préparait, au printemps 2024, de nouvelles normes moins sévères... L'idée étant de laisser plus de temps aux constructeurs pour parvenir aux objectifs de réduction des émissions de CO_2 à l'horizon 2055.

430 milliards de dollars pour l'automobile propre

Ce qui n'a pas changé, c'est le pendant de cette politique, l'incitation massive à l'investissement. Et, comme toujours, quand il s'agit des États-Unis, les montants mis sur la table donnent le vertige. Le plan s'appelle l'IRA (*Inflation Reduction Act*) ; il a été adopté à l'été 2022 et son enveloppe s'élève à 430 milliards de dollars. Une arme de guerre, de construction massive, en faveur de la production de véhicules de plus en plus propres aux États-Unis. Un montant colossal de subventions pour inciter les industriels, qu'ils soient nationaux ou étrangers, à investir massivement, mais pas n'importe où : seulement sur le sol américain.

Peu importe les règles de l'Organisation mondiale du commerce (OMC), censées exclure les mesures protectionnistes. Comme la Chine, les États-Unis jouent la carte nationale, le fameux « *America First* ». Et quand le gouvernement américain évoque un montant de 430 milliards de dollars, la réalité va bien au-delà : le texte législatif ne fixe en réalité aucune limite budgétaire à ces subventions. Les banquiers de Goldman Sachs et de Crédit Suisse ont ainsi estimé que les parlementaires qui ont voté le texte ont sous-estimé son coût de 300 %. Le plan va donc allègrement dépasser les 1 000 milliards de dollars...

Le risque de « fragmenter l'Occident »

Résultat des courses, l'IRA constitue un formidable aimant à toutes les innovations en faveur de la transition énergétique. Au point d'inciter les grands industriels mondiaux à se fixer un nouveau cap géographique : l'Amérique. En Europe, la décision fait trembler. Emmanuel Macron, en visite d'État outre-Atlantique fin 2022, a dénoncé un arsenal qui risque de « fragmenter l'Occident ». Il y a un risque, selon le président français, que « l'Europe et la France deviennent une sorte de variable d'ajustement » de la rivalité entre les États-Unis et la Chine... Dans un entretien au quotidien *Les Échos*, la Première ministre d'alors, Élisabeth Borne, n'a pas manqué de souligner que ce plan pourrait « faire perdre 10 milliards d'euros d'investissement en France et 10 000 créations potentielles d'emplois ».

Passé le moment de stupeur, l'Europe a bien fini par réagir, avec son « pacte vert », mais à l'européenne, avec des montants deux fois inférieurs à ceux débloqués par les États-Unis, et surtout, des modalités de mise en œuvre à la fois complexes et peu contraignantes en matière de protectionnisme. Quand le système américain, simple et efficace, propose des crédits d'impôt d'une durée de dix ans, l'Europe lance des appels à projets, qui s'apparentent à de véritables concours de beauté. En réalité, l'Union, dispersée, n'a ni les armes, ni la volonté politique, ni les ressources financières des États-Unis.

Flambée des droits de douane pour barrer la route aux véhicules chinois

Voilà pour la barrière industrielle. Une barrière de long terme, qui vise à protéger les États-Unis dans le futur. Mais il fallait aussi parer au plus pressé, à l'immédiat. Le marché automobile américain, avec ses 15 millions de voitures neuves par an, attise forcément les convoitises des marques chinoises. Rien de tel, pour contrer ces appétits, qu'un bon filet douanier. Quitte à bafouer les règles de l'OMC. Donald Trump, alors président, qui avait fait de la Chine l'ennemi commercial juré des États-Unis, ne s'en est pas privé. Si les constructeurs chinois ont la malencontreuse idée de vendre leurs voitures électriques sur le sol américain, ils devront s'acquitter de 27,5 % de droits de douane. Certes, les coûts de fabrication en Chine sont nettement inférieurs à ceux constatés aux États-Unis. Mais la barrière n'en demeure pas moins efficace. Elle n'empêche pas l'entrée sur le territoire de véhicules chinois, mais elle la limite drastiquement. Frein supplémentaire, cette taxe ne s'applique pas qu'à la watture, elle concerne également tous les composants qui lui sont associés : les batteries et les éléments technologiques qui entrent dans la fabrication d'un véhicule. Ce qui ne va d'ailleurs pas sans poser quelques problèmes aux constructeurs américains, très friands des batteries chinoises.

Voilà pour ce qui prévalait encore, dans la lignée des décisions prises par le président Donald

Trump. Mais dans le feu de la campagne électorale américaine, le candidat Biden, en réponse aux propositions du candidat républicain de porter la taxe douanière contre les importations de voitures chinoises au taux de 60 %, a franchi une étape décisive : un quasi-quadruplement de taux, carrément porté à 100 % ! La flambée des taxes a aussi concerné tout ce qui entre dans la fabrication des voitures électriques : le lithium, le graphite, les semi-conducteurs, etc. Une façon définitive de tenir à distance les constructeurs chinois qui se pressent au Mexique avec des modèles bon marché.

Exclusivité des subventions pour les électriques américaines

Restait, enfin, le dernier volet de sécurité à adresser : les subventions à l'achat. Elles existent bien aux États-Unis, et elles sont généreuses : 7 500 dollars de prime à l'achat pour un véhicule électrique. Mais là encore, avec de sévères restrictions antichinoises. Pas question de prétendre à une prime si le véhicule est produit en Chine, voire même si seulement certains de ses composants le sont, qu'il s'agisse des batteries ou des éléments technologiques. Il existe bien une façon pour les constructeurs de l'empire du Milieu de détourner l'ensemble de ces barrières : produire dans des pays « autorisés » par l'administration Biden pour exporter vers les États-Unis, en l'occurrence le Canada ou le Mexique. Ce dernier, paraît-il, serait très courtisé, mais le gouvernement Biden ne se priverait pas d'user de toutes les ficelles dont il dispose pour inciter son voisin mexicain à ne pas avoir la fâcheuse idée d'accueillir sur ses terres le moindre constructeur chinois.

On peut enfin évoquer la toute dernière arme. Il se trouve que les voitures électriques, bourrées de technologies et connectées, produisent un volume impressionnant de données, provenant de leurs propriétaires ou de l'environnement dans lequel elles circulent. Elles sont même devenues une matière considérable que les groupes automobiles entendent bien commercialiser. Voire ces données tomber dans l'escarcelle d'un concurrent chinois provoquerait immanquablement une poussée d'urticaire aux agents de l'administration américaine. Le gouvernement travaille donc à renforcer le contrôle de ces données, en les considérant comme des éléments de sécurité nationale. De quoi créer un nouveau frein aux importations chinoises.

On l'a compris, la méthode américaine d'exclusion de la menace chinoise est puissante, à la mesure de la surface financière du pays, radicale et multimodale. De son côté, on l'a vu plus haut, la Chine actionne tous les leviers nécessaires au développement de son industrie. Les deux n'hésitent pas à s'affranchir sans vergogne de toutes les règles commerciales auxquelles l'Europe est viscéralement attachée. L'Amérique et la Chine n'ont pas nos pudeurs.

17

Bruxelles tente de contrer, un peu tard, les assauts chinois

Ce mercredi 13 septembre 2023, quand l'information tombe sur les boîtes mél des journalistes spécialisés dans l'automobile, ils n'en reviennent pas : la Commission européenne annonce l'ouverture d'une enquête sur les subventions accordées par Pékin aux constructeurs de véhicules électriques dans l'empire du Milieu. Il faut dire que l'information a de quoi surprendre. C'est bien la même Commission européenne, celle qui a déroulé un tapis rouge aux industriels chinois avec la décision du tout-électrique en 2035, qui – prise de remords ? – s'offusque donc des aides d'État dont auraient bénéficié ces mêmes industriels ! Avec l'Europe, on n'est jamais à un paradoxe près.

La nouvelle intervient quelques jours après la fermeture des portes du plus grand salon automobile européen, qui s'est tenu à Munich et a consacré les ambitions chinoises, avec plus de 40 % entreprises présentes dans la manifestation domiciliées en Chine. Un peu comme si la guerre commerciale ouvertement déclenchée par la Chine sur l'automobile européenne avait fini par réveiller les consciences des autorités politiques européennes. On croit rêver. Cela fait pourtant des mois, pour ne pas dire des années, que les constructeurs européens ont averti les « experts » de Bruxelles sur le risque encouru par l'automobile européenne.

Les avertissements des constructeurs européens restés lettre morte

En France, dans les années, les mois et même les tout derniers jours qui ont précédé l'oukase de Bruxelles du 14 juillet 2021 – et sa confirmation, en octobre 2022, par le vote des Vingt-Sept –, l'annonce de l'interdiction de la vente de véhicules thermiques en 2035, les dirigeants de Renault – Jean-Dominique Senard et Luca de Meo –, le big boss de Stellantis – Carlos Tavares – et tous les représentants de la filière automobile n'ont cessé de toquer à la porte de l'Élysée, de Bercy et de la Commission européenne à Bruxelles pour avertir du danger. Et mettre en évidence, chiffres à l'appui, la volonté politique chinoise de faire de l'automobile électrique le bras armé de sa conquête industrielle sur le Vieux Continent.

Sans le moindre succès. Chaque fois qu'il s'exprime, Carlos Tavares appuie là où cela fait mal : « Bruxelles nous a volontairement mis dans les gencives la concurrence chinoise afin d'obliger les Européens à baisser les prix, déclare-t-il ainsi, fin janvier 2024, dans les colonnes de l'hebdomadaire *Challenges*, sans prendre en considération les conséquences sociales. Les politiques n'en ont jamais discuté. Que diront les responsables européens quand ces conséquences sociales se feront sentir ? » Il faut préciser que les meilleurs analystes s'accordent à estimer qu'à l'horizon 2030 les automobiles chinoises pourraient prétendre à 30 % de parts de marché en Europe contre... 6 % aujourd'hui. De quoi mettre en péril les constructeurs automobiles locaux.

Les autorités politiques de Bruxelles, en ce 13 septembre 2023, auraient-elles commencé à prendre conscience de leur énorme bévue ? Ursula von der Leyen, la présidente de la Commission européenne, aurait-elle fini par prendre au sérieux cette menace ? Oui, si l'on en croit son discours sur l'état de l'Union devant le Parlement européen : « Les marchés mondiaux sont désormais inondés de voitures électriques moins chères. Et leur prix est maintenu artificiellement bas grâce à d'énormes subventions publiques. L'Europe est ouverte à la concurrence. Elle n'est pas favorable à un nivellement par le bas. » Et de préciser, quelques mois plus tard : « Un risque existe qu'un nombre croissant de producteurs de l'Union soient touchés par la baisse des ventes et des niveaux de production si les niveaux accrus actuels des importations en provenance de la République populaire de Chine à des prix présumés subventionnés se poursuivent. » La Commission parle même d'« un préjudice difficilement réparable », et laisse entendre qu'elle pourrait appliquer des droits de douane rétroactifs en rétorsion de ces subventions ! On est heureux de l'apprendre.

Le cynisme des politiques et des élus de l'Union

Cette décision ne manque pas de cynisme. Pendant longtemps, les Européens ont préféré ignorer la réalité de cette menace. Notamment sous la pression des géants allemands de l'automobile, qui ont longtemps fait leurs choux gras du marché chinois. Une poule aux œufs d'or pour Volkswagen d'abord, mais aussi BMW, Audi, Mercedes, etc. Mais depuis que la tendance s'est renversée, que la Chine est devenue un cauchemar commercial pour les ténors allemands (voir le chapitre 15 : « L'Eldorado européen attire les loups industriels chinois »), on trouve comme par hasard à Bruxelles des accents revanchards.

En réalité, cela fait des années qu'à Bruxelles, mais aussi dans les cercles politiques des pays de l'Union, on a parfaitement connaissance des investissements chinois dans l'électrique. Il faut rappeler que la décision d'interdire les véhicules thermiques à la vente en 2035 est purement politique. Elle a été prise sur la base de considérations écologiques – même si l'amplitude des bienfaits écologiques du véhicule 100 % électrique est depuis longtemps remise en question par les experts les plus sérieux, y compris ceux du gouvernement (voir le chapitre 10 : « La lourde dette écologique des voitures électriques ») –, mais aussi en repentir de l'affaire du « dieselgate » de 2015, où le groupe Volkswagen avait reconnu avoir truqué des logiciels de ses moteurs thermiques pour masquer leur pollution réelle. En revanche, les conséquences sociales sur l'emploi de cette décision d'interdire les véhicules thermiques, le bouleversement qu'elle impose à une industrie qui n'a pas eu le temps de se préparer à un choc d'une telle ampleur, les conséquences sur la vie de tous les jours de dizaines de millions d'automobilistes européens ont été largement sous-estimés. Tout comme, manifestement, l'agressivité commerciale des constructeurs chinois. Du coup, l'Europe commence à prendre peur. Et il y a de quoi.

Xi Jinping décrète la « puissance automobile »

À partir de 2010, l'objectif industriel chinois dans l'automobile est fixé : cap sur la voiture électrique, et donc la batterie, une technologie que, pour le coup, les industriels chinois maîtrisent parfaitement. Cela fait des années qu'ils équipent ordinateurs et téléphones mobiles de batteries dont ils ont développé les performances. En 2014, le président Xi Jinping joue cartes sur table : avec l'électrique, la Chine va passer du statut « d'un grand pays de l'automobile à une puissance automobile ». Là-bas, quand le chef décide, l'intendance suit. L'objectif fixé par les plus hautes sphères de l'État, dans le cadre du fameux plan d'hégémonie industrielle « *Made in China 2025* », est de faire en sorte qu'à cet horizon la part des véhicules hybrides ou 100 % électriques atteigne 20 % du marché automobile chinois. Un objectif jugé ambitieux à l'époque. Il sera pourtant atteint, et même dépassé, dès 2022, avec trois ans d'avance.

Il faut dire que tout est allé très vite : entre 2020 et 2023, la Chine, qui n'exportait quasiment pas d'automobiles, est devenue le premier exportateur mondial devant le Japon et l'Allemagne. En 2019, le commerce extérieur chinois était dans le rouge pour le secteur automobile, aujourd'hui, il produit un excédent commercial de plus de 100 milliards de dollars par an. Excusez du peu.

Des dizaines de milliards de dollars d'aides déversés par Pékin

Que la puissance publique en Chine ait massivement aidé à la renaissance de son industrie automobile grâce à l'électrique est donc largement établi. En attestent les montants mis sur la table. En un peu plus d'une décennie, l'argent public coule à flots. Les aides accordées directement aux constructeurs de véhicules électriques se multiplient, des bus aux voitures de tourisme, en passant par les taxis et les flottes d'entreprises d'État.

Les incitations ne sont d'ailleurs pas que financières. Dans des villes très polluées, comme Pékin, la délivrance de plaques d'immatriculation, drastiquement rationnées pour la population, est devenue automatique et sans limite pour ces voitures. À Shanghai, la municipalité a, de la même manière, offert en 2016 aux véhicules électriques des plaques d'immatriculation vertes, permettant à leurs heureux futurs propriétaires d'échapper au système d'enchères sur les plaques thermiques, destinées à contenir leur multiplication. D'autres mégapoles, qui comptent chacune des habitants par millions, comme Shenzhen ou Changchun, ont adopté des mesures incitatives de même nature. De quoi faire décoller le marché de l'électrique.

Il n'y a pas que l'incitation qui fonctionne. La coercition aussi. La Chine a ainsi contraint les constructeurs présents sur son territoire, qu'ils soient chinois ou étrangers, à respecter des quotas de production de véhicules électriques. Avec, à la clé, des amendes pour ceux qui ne s'y tiennent pas, et des avantages pour les bons élèves. La grande force des autorités chinoises a été aussi d'accueillir à bras ouverts sur son territoire des compétiteurs étrangers : l'arrivée de Tesla à Shanghai a incontestablement aiguillonné la créativité de constructeurs avides des avancées technologiques de l'américain...

Le soutien chinois ne s'est pas limité aux aides directes et indirectes aux constructeurs. Il n'échappe à personne que le cœur d'une voiture électrique, c'est bien sûr sa batterie. Elle représente, à elle seule, environ 40 % de la valeur d'un véhicule. Et là encore, les autorités chinoises ont consciencieusement planifié l'incitation à la production de batteries, en incitant les entreprises nationales à investir massivement dans ce domaine. Il n'est pas rare que les constructeurs d'automobiles chinois soient également fabricants de batteries, ce qui donne un évident avantage compétitif. BYD, comme on l'a déjà vu, en est le meilleur exemple : le groupe est devenu l'un des principaux producteurs de batteries au monde, qu'il fournit, bien sûr, au meilleur prix pour ses propres véhicules et à des coûts beaucoup plus élevés aux constructeurs occidentaux qui les lui achètent... Il fallait y penser.

La maîtrise des matières premières au cœur de la stratégie

Et comme nos amis chinois sont manifestement plus prévoyants que les Occidentaux, la Chine a fait depuis longtemps de la maîtrise des matières premières un enjeu fondamental de sa stratégie. Le pays détient désormais 90 % du marché des terres rares dans le monde, qui ne sont d'ailleurs pas utilisées que dans la fabrication de voitures électriques. Il maîtrise aussi une large majorité de la production de cobalt, via les mines détenues en République démocratique du Congo, et le raffinage du lithium, du sulfate de nickel, ou encore du graphite – dont il limite intentionnellement la production. *De facto*, les constructeurs chinois bénéficient ainsi de matières premières bradées – en moyenne 20 % de rabais selon les spécialistes du secteur –, quand leurs concurrents occidentaux sont fournis au prix fort. On n'est jamais aussi bien servi que par soi-même. Les montants déversés par les autorités chinoises, qu'elles soient d'État ou régionales, sont démesurés. Une étude réalisée par le très sérieux Center for Strategic and International Studies aboutit à un chiffrage colossal : près de 231 milliards de dollars entre 2009 et 2023, avec une forte accélération au cours des cinq dernières années.

La Chine a-t-elle l'intention, sous la menace de rétorsion de la Commission européenne, de limiter ses ardeurs à subventionner son industrie de l'automobile électrique ? Rien n'est moins sûr. La réaction de Pékin a d'ailleurs fusé. Dès le lendemain, le ministère du Commerce a qualifié l'annonce de l'enquête européenne d'un « acte protectionniste flagrant qui perturbera et faussera sérieusement l'industrie automobile et la chaîne d'approvisionnement au niveau mondial, y compris dans l'Union européenne (UE), et qui aura un impact négatif sur les relations économiques et commerciales entre la Chine et l'UE »...

La Commission européenne sur le fil du rasoir

L'Europe a-t-elle alors les moyens de freiner les ambitions chinoises ? Là encore, rien n'est moins sûr. Pas facile, en effet, de prouver la réalité des subventions publiques déversées par les autorités de Pékin aux constructeurs nationaux, surtout quand les pays européens eux-mêmes sont particulièrement prodigues, à coups de milliards d'euros, à l'égard des industriels du Vieux Continent.

On sent bien d'ailleurs l'embarras de la Commission quand elle a finalement annoncé, le 12 juin 2024, l'arsenal de surtaxes qu'elle comptait mettre en œuvre pour contrer les velléités européennes des constructeurs chinois. Alors qu'aux États-Unis, la taxe douanière de 100 % décidée par Joe Biden s'applique indifféremment sur tous les constructeurs chinois, la Commission fait dans la dentelle... Ainsi s'ajoutera à l'ancienne taxe douanière uniforme de 10 %, une surtaxe de 17 % pour BYD, manifestement un constructeur ami, pour Geely, un peu moins ami, la punition s'élève à 19 %, elle sera enfin de 21 % pour tous les bons élèves ayant décidé de jouer le jeu en répondant aux enquêteurs de la Commission européenne, mais de 37 % pour ceux qui n'ont pas daigné coopérer. Une panoplie de sanctions assez peu compréhensible, à l'image des décisions habituelles des experts de Bruxelles, mais dans le pire des cas porte au maximum la taxe douanière européenne à 48 %, donc moitié moins que la décision américaine. À l'heure où ces lignes étaient écrites, en juin 2024, ces droits de douane n'étaient considérés que comme préventifs et temporaires, en attendant les taux définitifs attendus, normalement, début novembre.

On pourrait croire les constructeurs européens soulagés par cette entrée en guerre, même modeste, de l'Europe contre « l'envahisseur » chinois ? Eh bien non. Déjà, avant même l'annonce européenne, plusieurs d'entre eux, et non des moindres, se sont effrayés d'éventuelles sanctions européennes ! C'est le cas, par exemple, du patron de Mercedes, Ola Källenius qui, en mars 2024 dans le *Financial Times*, lançait un vibrant appel à ne pas augmenter les taxes sur les véhicules chinois : « Nous ne réclamons pas de protection, et je pense que les constructeurs chinois non plus », ce qui ne surprendra personne...

Les constructeurs européens vent debout contre les taxes anti-chinois !

Une position largement partagée par l'ensemble des constructeurs allemands, dont la bonne santé financière dépend en grande partie de leurs ventes en Chine. Jusqu'à récemment, Volkswagen réalisait 40 % de son chiffre d'affaires mondial en Chine, pour BMW, le débouché chinois représente un tiers des ventes, tandis qu'il s'élève à 37 % pour Mercedes-Benz qui compte parmi ses actionnaires de premier rang deux chinois détenant chacun près de 10 % de son capital, le géant automobile SAIC et le multimilliardaire Li Shufu, propriétaire de Geely, lui-même propriétaire de Volvo et grand partenaire de Renault... Tous ont donc réagi avec virulence à la décision européenne, en réclamant qu'elle ne soit pas mise en application. Même le chancelier allemand, Olaf Scholz, y est allé de sa réaction lors d'une visite d'État en Suède, en rappelant très opportunément qu'« il y a des constructeurs européens et nord-américains qui réussissent sur le marché chinois et qui vendent leurs véhicules en Chine, [et que les dirigeants doivent] en tenir compte », après avoir souligné que 50 % des importations de véhicules électriques en provenance de Chine étaient aujourd'hui le fruit de fabricants occidentaux.

Car c'est l'un des autres paradoxes de cette décision européenne, qui va pénaliser des modèles comme ceux de Tesla, de Renault avec la Dacia Spring, de Mercedes avec la Smart, de BMW avec la Mini ou encore de Volvo, tous fabriqués sur le territoire chinois, et donc menacés par les surtaxes en question. Sans parler, enfin, de Stellantis, qui pensait avoir trouvé la martingale en proposant à la vente dans toute l'Europe les véhicules de sa jeune filiale Leapmotor, censée abreuver le marché de véhicules électriques à bas prix… qu'il va finalement devoir assembler sur le Vieux Continent.

Au-delà, pour tous ces européens, la crainte des représailles de Pékin en cas de guerre commerciale n'est pas qu'une vue de l'esprit. D'ailleurs, la réaction chinoise n'a pas tardé, par l'intermédiaire du porte-parole du ministère des Affaires étrangères : « L'enquête antisubventions est un protectionnisme typique. La Chine prendra toutes les mesures nécessaires pour défendre nos droits et intérêts légitimes. » Dans le collimateur de Pékin, les exportations agricoles européennes – et notamment les vins, le cognac, le champagne… –, l'aviation et, bien sûr, l'automobile.

Enfin, il est loin d'être prouvé que l'application éventuelle de ces taxes freine le flux des importations chinoises en Europe, tant les coûts de fabrication locale sont inférieurs aux nôtres. Pour exemple, BYD, qui vend en Chine son modèle d'entrée de gamme la Seagull au prix canon de 9 000 euros, va la proposer en France aux environs de 20 000 euros. De quoi laisser au constructeur une belle marge bénéficiaire...

Il y a fort à craindre qu'à terme, l'épouvantail brandi par Ursula von der Leyen, ne se transforme en chiffon effiloché qui ne fera peur à personne, et surtout pas au maître de Pékin. Plutôt que de regretter après coup sa décision délétère pour l'industrie européenne, la Commission européenne et les États qui la mandatent auraient bien fait de s'inspirer du modèle américain. Donald Trump et Joe Biden, qu'on ne peut certainement soupçonner de complicité intellectuelle, ont tout fait pour barrer la route à Pékin. Avec une réussite certaine.

18

L'ardeur électrique des constructeurs européens se refroidit

C'est peu de dire que les constructeurs européens ont franchi le pas. À peine la décision de Bruxelles confirmée, les grands groupes automobiles de l'Union, notamment les français, se sont précipités dans la grande bascule vers le tout-électrique. À partir du 1er juillet 2035, ils ne pourront plus vendre de nouveaux véhicules thermiques sur le Vieux Continent ? Qu'à cela ne tiennent, les européens de l'automobile ont pour la plupart décidé de devancer le calendrier, souvent de cinq ans, voire plus pour les constructeurs les plus audacieux. Par crainte de perdre des parts de marchés, ou de ne pas figurer en tête de liste dans la course à l'électrification, beaucoup ont décidé de se lancer dans la course avant l'heure. Les français Renault et Stellantis ont ainsi largement devancé l'appel en annonçant la fin de la commercialisation de véhicules thermiques en Europe à partir de 2030. Voire même avant pour certaines marques du groupe de Carlos Tavares, comme les DS (dès la fin 2024) ou les Opel (à partir de 2028). Ford et Volvo ont également franchi le pas à l'horizon 2030.

Les marques allemandes, celles qui pourtant se sont le moins battues contre l'électrification, se sont paradoxalement donné un peu plus de temps : 2033 pour Audi, 2035, soit l'extrême limite, pour Volkswagen. Chez Mercedes, pourtant l'un des premiers en Allemagne à envisager une transformation totale en 2030, le ton a changé : la bascule vers le tout-électrique interviendra « dès que les conditions de marché le permettent »... La marque à l'étoile vise désormais à cette échéance une moitié seulement de modèles électrifiés ! C'est-à-dire électriques à 100 % ou... hybrides, ce qui évidemment change tout.

Mais tous les constructeurs, évidemment, seront quand même prêts pour le jour J. Concrètement, cela signifie que la bascule industrielle a déjà démarré, puisqu'il faut entre trois et cinq ans pour concevoir et lancer en production une nouvelle voiture. La fin de la décennie, c'est donc déjà demain. Sauf que, après le volontarisme forcené affiché les premiers mois, l'enthousiasme s'est nettement refroidi.

Offensive éclair de l'Allemagne en faveur du moteur thermique

La première offensive concrète est venue d'Allemagne. Comment imaginer une Porsche 911 sans le vrombissement d'un moteur à explosion ? Septembre 2022, Oliver Blume, jusqu'alors patron de la marque mythique, prend la tête du groupe Volkswagen, propriétaire de Porsche. Immédiatement, le ton change dans les hautes sphères dirigeantes du groupe automobile. Alors que son prédécesseur, Herbert Diess, était converti à la voiture électrique, le nouveau boss du géant germanique n'a pas, et de loin, le même enthousiasme. Sa proximité politique avec les libéraux du FPD, membre de la coalition tripartite du chancelier Olaf Scholz, lui permet d'amener la réflexion dans le champ politique : après tout, le « zéro émission » ne passe pas que par l'électrique. Il se trouve que Porsche est en première ligne depuis des années sur la production de carburants synthétiques, les « e-fuels » proches de la neutralité en CO_2. Aux côtés des groupes Siemens et ExxonMobil, le constructeur a investi des dizaines de millions de dollars dans une entreprise spécialisée qui exploite des éoliennes animées par les vents puissants du sud du Chili pour produire ce carburant qui permet un fonctionnement presque neutre en carbone des moteurs à combustion.

Même si, à l'évidence, ces carburants synthétiques sont loin d'apporter une solution pérenne au zéro émission – il faut de gigantesques quantités d'électricité, bien sûr d'origine renouvelable, pour produire des carburants propres à un prix de revient très élevé –, le parti libéral allemand s'engouffre dans le sujet et sonne la charge sur le thème, plus large, de « l'ouverture technologique ». En l'occurrence, le refus d'interdire une technologie neutre ou pauvre en émission de carbone autre que l'électrique. Pourquoi, en effet, ne parier que sur l'électrique ?

Le débat prend une grande ampleur en Allemagne, jusqu'à ce que soit posée sur la table l'idée d'un veto allemand catégorique à la décision européenne de la bascule au tout-électrique en 2035… Un retournement spectaculaire de situation provoqué par Berlin, dans la toute dernière ligne droite de l'adoption du texte de loi déjà voté par le Parlement et le Conseil européens. Le coup d'éclat, qui a provoqué une vague de protestations ulcérées à Bruxelles, et des discussions animées jusqu'au niveau des chefs d'État, aura finalement porté ses fruits. Depuis mars 2023, l'Union se doit désormais d'amender son texte de loi pour permettre de classer les voitures roulant aux e-carburants comme neutres en carbone, et donc autoriser la vente de véhicules thermiques ! Ce retournement ne profitera quasiment qu'aux Porsche, aux Ferrari et à d'autres bolides du genre. Mais il n'en demeure pas moins qu'il s'agit du premier coup de canif sérieux donné au tout-électrique.

Les dangers des volte-face politiques

Ce qui pourrait n'apparaître que comme une saute d'humeur allemande traduit en réalité la montée d'un doute beaucoup plus puissant chez les dirigeants des constructeurs européens. L'aléa politique est désormais un facteur à prendre en compte, dans un sens comme dans l'autre. Dans une interview accordée à l'hebdomadaire

Challenges dans les premiers mois de 2024, Carlos Tavares, réputé pour ne pas avoir la langue dans sa poche, réagit ainsi à une question portant sur l'éventuelle élection de Donald Trump aux États-Unis ou la nature du vote aux élections européennes de juin 2024 : « Je travaille avec plusieurs hypothèses : celle d'une accélération politique du basculement vers les véhicules zéro émission, ou au contraire celle d'un ralentissement de l'électrification. Les résultats [électoraux] pourraient entraîner un report des échéances de plusieurs années, le temps d'un mandat politique. Une crise, comme celle des agriculteurs en France, peut par exemple avoir un impact sur les décisions politiques du pays. Au final, ce sont les citoyens qui décideront s'ils veulent débourser les budgets qu'ils n'ont pas pour la mobilité. » Plus que jamais, le sort d'une industrie est lié à des décisions qui n'ont plus grand-chose à voir avec... l'industrie.

Pour preuve, aux critiques du gouvernement de Giorgia Meloni qui accuse Stellantis de vouloir sacrifier ses investissements en Italie, Carlos Tavares répond dans cette même interview : « L'Europe a acté un virage clair en faveur de la voiture électrique avec le soutien massif des députés français, espagnols, italiens. Ce soutien extrême, voire extrémiste, s'est mué en Italie en une opposition franche contre la motorisation électrique. C'est un changement à 180 degrés. Nous sommes désormais pris en tenailles. Nous fabriquons des voitures électriques en Italie. Mais le gouvernement ne soutient pas la vente de ces véhicules. Or, quand les gouvernements n'aident pas ou suspendent les aides, le marché s'effondre. Lorsque les différents États européens prennent des décisions opposées, nous devenons des otages. Nous ne sommes pas des jouets dans les combats politiques en Europe. » C'est tout le problème : les investissements industriels, qui se chiffrent en dizaines de milliards d'euros et engagent sur des années, ne peuvent se décider au gré des changements de cap politique, à chaque échéance électorale.

Coups de rabot sur les coups de pouce

Il se trouve que le choix de la bascule vers le tout-électrique, comme le dit Tavares, est « le dogme retenu par les politiques ». Il n'est rendu possible que si, et seulement si, les États financent cette transition majeure. La voiture électrique, ajoute le président de Stellantis, « coûte aujourd'hui 40 % de plus qu'une thermique, car l'industrie n'a pas eu le temps de se préparer. Le temps des industriels n'est pas celui des politiques » : « Nous sommes dans une phase transitoire, poursuit-il. Il faut donc, dans ce laps de temps, que les États soutiennent la vente de ces voitures électriques en compensant le différentiel de coûts. Mais pendant combien de temps les gouvernements le feront-ils en sachant que ces pays sont fortement endettés avec des capacités limitées de financement ? »

Depuis la sortie de la crise de la Covid, la guerre en Ukraine et ses répercussions financières, le sujet est devenu brûlant. Les chiffres font mal. La flambée des taux d'intérêt pilotée par la Banque centrale européenne, dans l'objectif de juguler l'inflation en Europe, a eu un effet dévastateur sur la santé financière des économies européennes. Avec plus de 3 000 milliards d'euros de dettes, la France figure ainsi dans le peloton de tête des pays européens les plus endettés. Surtout, la charge de cette dette – le montant du remboursement annuel des emprunts nationaux – a littéralement explosé en une poignée d'années : elle était de 25 milliards d'euros en 2020, avant l'impact de la Covid, elle aura plus que doublé en 2024, à 55 milliards d'euros. Un montant qui représente le troisième budget de l'État derrière l'Éducation nationale et la Défense, et plus du double du budget alloué au ministère de la Transition énergétique. D'où l'annonce gouvernementale en début d'année : 20 milliards d'économies à trouver en 2024, montant qu'il faudra reconduire au moins en 2025, pour maintenir les objectifs de déficit budgétaire promis à l'Europe.

Bien sûr, figure au premier rang de ces économies la baisse des montants des aides gouvernementales dédiées au passage à la voiture électrique. La manne, déjà significativement réduite début 2024 – bonus écologique réduit de 1 000 euros à 4 000 euros, supprimé pour les entreprises, la prime à la conversion des véhicules Crit'Air 1 annulée –, pourrait bien encore se tarir dans les toutes prochaines années. Si l'on en croit le président de la Cour des comptes, Pierre Moscovici, qui ne cesse d'alerter sur l'attitude dispendieuse de la France, ces économies devraient s'élever à 50 milliards sur la période 2025-2027. De quoi entraver une bonne partie des coups de pouce alloués à l'achat des voitures dites propres.

Or, il se trouve que dans les pays où les coups de pouce ont disparu ou se sont faits plus rares, les ventes de véhicules électriques se sont effondrées (voir le chapitre 11 : « Coup de frein puissant sur les ventes de l'électrique »). C'est le cas en Allemagne ou en Italie. En France, après l'annonce des premières réductions significatives de bonus en début d'année 2024, les constructeurs attendaient avec angoisse le verdict des consommateurs… avec, à la clé, une possible forte baisse des ventes de véhicules électriques, et donc des chiffres d'affaires.

Qui va payer la facture à 110 milliards d'euros ?

Au-delà du seul sujet de l'impact des bonus gouvernementaux sur les ventes, c'est la capacité des gouvernements à soutenir la transition énergétique qui interroge à juste titre les constructeurs. Étranglés financièrement par la dette et la hausse des taux d'intérêt, les pays européens dont les ressources financières sont connues pour être les plus fragiles pourront-ils durablement accompagner la transition ? C'est le cas de la France.

L'Institut français des relations internationales (IFRI), fin 2023, s'est livré à une analyse complète des besoins d'investissements nécessaires dans l'Hexagone pour financer le passage à l'électrique. Verdict : une note à 113 milliards d'euros, au bas mot, d'ici à 2035. Pourquoi une telle facture ? C'est toute la filière qui est à construire, en partant de l'amont – la fourniture des matières premières, des mines de lithium aux matériaux nécessaires à la fabrication des cathodes et anodes des batteries, les quatre grands projets nationaux de gigafactories de batteries qui engloutissent des dizaines de milliards d'euros... – jusqu'à l'aval – par exemple les bornes de recharge et, au bout de la chaîne, les aides à l'achat de voitures électriques que l'IFRI quantifie à 35 milliards d'euros nécessaires sur les douze prochaines années...

Une facture que doivent se partager les différents acteurs de la filière, privés ou publics. Avec un risque que les industriels voient poindre avec une certaine angoisse : le principe redoutable des vases communicants qui voudra que plus la part des finances publiques sera contrainte, plus celle du privé viendra à augmenter. La facture globale, elle, ayant toutes les chances de continuer à augmenter...

Renault renonce aux 10 milliards de l'entrée en Bourse de sa pépite Ampère

Qui plus est, l'argent se fait rare. Renault avait fondé de grands espoirs sur l'entrée en Bourse de sa filiale Ampère, celle dans laquelle le groupe a logé ce qui, hier encore, faisait rêver les investisseurs : toutes les activités électriques. Luca de Meo, le patron du constructeur, avait espéré valoriser ce joyau entre 8 et 10 milliards d'euros. Un vrai trésor de guerre. Au fil des mois, l'éclat du joyau s'est terni, jusqu'à ce que les investisseurs financiers, devenus pingres, estiment la valeur du diamant autour de 3 milliards d'euros. Le prix d'un caillou de basse extraction.

C'est qu'entre-temps l'Eldorado de l'électrique est devenu moins enchanteur : il aura suffi d'une petite année, 2023, pour passer du rêve à une plus dure réalité. En janvier 2024, Renault a donc renoncé à son projet d'entrée en fanfare d'Ampère à la Bourse de Paris. Un revers dans la stratégie de transformation radicale poussée par Luca de Meo.

Dans le même temps, autre indicateur d'une transition plus douloureuse que prévu, les plans sociaux se multiplient. En première ligne, ceux qu'on appelle les équipementiers, qui fournissent aux constructeurs tout ce qui leur est nécessaire à la fabrication d'une voiture. Mais eux n'ont pas la chance de pouvoir vendre au prix fort le produit fini, en l'occurrence les voitures électriques ou les modèles thermiques les plus chers. En France, les géants du secteur s'appellent Valeo, Forvia et Plastic Omnium. Ils fournissent toutes sortes de pièces, du pot d'échappement aux équipements électroniques, en passant par tout ce qui constitue l'intérieur ou la mécanique d'une automobile. Mais ils ont raté un train, celui de la fabrication des batteries, réservé aux chinois et aux coréens, ce qui revient à dire que 40 % de la valeur des véhicules électriques leur échappe !

70 000 emplois menacés en France chez les équipementiers

Tous ont engagé des plans de restructuration massifs, avec le départ organisé de dizaines de milliers d'employés, le record revenant à Forvia, avec un plan social évalué à 10 000 postes en Europe... Pour les seules activités françaises, la Fédération des industries des équipements pour véhicules (Fiev), dans une étude publiée en janvier 2024, estime à 70 000 le nombre d'emplois menacés dans la filière, quasiment un quart des 300 000 salariés qu'elle représente. Et on parle là du solde d'emplois, la différence entre les créations de nouveaux postes grâce à l'électrification (les nouveaux métiers liés à l'électrique-électronique) et la perte des métiers sur la sellette (les fonderies, les forges, l'usinage, etc.). Les premières victimes : des milliers de PME directement dépendantes de l'automobile.

Le scénario n'est bien sûr pas uniquement français : tous les équipementiers européens sont au régime sec, avec 500 000 emplois menacés sur 1,6 million, selon le Clepa, l'association qui les regroupe. Là aussi, les annonces se multiplient : 12 000 emplois sur le fil du rasoir chez l'allemand ZE, plus de 7 000 chez Continental, des milliers chez Bosch, qui a annoncé la fermeture, fin 2024, de son usine de Marignier, en Haute-Savoie.

L'hécatombe, annoncée depuis que l'Europe a imposé son virage brutal à l'électrique, se confirme. Les métiers de l'aval sont aussi emportés par la vague : les petites mains du secteur, les garagistes, les stations-service voient leur avenir s'obscurcir à la vitesse de l'éclair. Et chez les constructeurs, cela fait longtemps que les restructurations sont engagées. En quelques années, Stellantis et Renault se sont séparés de plusieurs dizaines de milliers de salariés.

Le scénario d'appauvrissement de la filière automobile s'accélère

L'accélération de ce scénario d'appauvrissement progressif de la filière était un avis partagé par nombre de ses acteurs en ce début d'année 2024. Déjà, la plupart des constructeurs automobiles européens, qu'ils en fassent ou non la publicité, avaient eu de sérieuses réserves au moment de l'annonce de la bascule au tout-électrique en juillet 2021. Aujourd'hui, beaucoup sont dans l'effroi et ne rêvent que d'une chose : que la folle échéance de 2035 soit au moins reportée.

En guise de conclusion

Et si la raison finissait par l'emporter ?

Lentement, pas à pas, une prise de conscience émerge. À tirer trop fort sur la corde, elle risque de casser. Avec, en boomerang, un double risque. Celui d'une faillite d'un pan entier de la compétitivité des vingt-sept pays de l'Union, et celui d'une explosion sociale sans précédent, à l'échelle européenne. Petit à petit, on finit par se rendre compte du risque de désintégration de l'Europe que porte l'agenda vert européen, tel qu'il a été imaginé dans une construction intellectuelle déconnectée de l'usage au quotidien des transports et des réalités industrielles.

Le réquisitoire au vitriol de la Cour des comptes européenne

À cet égard, le réquisitoire au vitriol dressé en avril 2024 par la Cour des comptes européenne sur l'interdiction de la vente de voitures neuves thermiques en 2035 est un pavé dans la mare qui n'a pas fini d'éclabousser la Commission européenne.

Que disent les sages, qui sont tout sauf de joyeux lurons ? Ils considèrent, à lire leur rapport, que cette décision est irréaliste, qu'elle a des conséquences néfastes – sous-estimées par les institutions européennes – sur l'industrie et sur le pouvoir d'achat des consommateurs. Et ils soulignent, pour corser le tout, l'incroyable cadeau fait à la Chine. L'institution luxembourgeoise note ainsi l'extrême dépendance à l'empire du Milieu qui détient à lui seul « 76 % des capacités mondiales » de production de batteries ; elle rappelle opportunément que « moins de 10 % de la capacité mondiale de batteries est basée en Europe et la grande majorité d'entre elles sont fabriquées par des entreprises non européennes ». Elle ajoute que « malgré des aides publiques importantes, le coût des batteries produites dans l'UE reste beaucoup plus élevé que prévu ». Les sages constatent également que le Vieux Continent est pieds et poings liés aux matières premières venues de l'étranger : il doit importer « 87 % de son lithium brut d'Australie, 80 % de son manganèse d'Afrique du Sud et du Gabon, 68 % de son cobalt de la République démocratique du Congo [dont les mines sont détenues majoritairement par des intérêts chinois] et 40 % de son graphite de Chine ».

Au passage, l'institution étrille les projets de carburants alternatifs, qui ne « paraissent pas viables à grande échelle ». Elle pointe aussi une autre faille dans la feuille de route qu'a imposée l'UE : un réseau de bornes de recharge insuffisant et inadapté. De quoi poser, selon les sages, « un obstacle à l'accessibilité pour de nombreux Européens qui seraient tentés par la voiture électrique » et pour qui « parcourir les routes des Vingt-Sept au volant d'une voiture électrique reste compliqué ».

L'agenda vert européen étrillé point par point

En somme, dans cet objectif du tout-électrique en 2035, rien ne va. Point par point, la Cour des comptes européenne étrille la feuille de route de l'UE, dont elle rappelle l'enjeu : « l'Union doit concilier le pacte vert non seulement avec la souveraineté industrielle, mais encore avec l'accessibilité financière pour les consommateurs. Il est urgent d'agir pour donner les moyens à l'industrie européenne de produire des voitures électriques sur une grande échelle à des prix compétitifs, tout en sécurisant l'approvisionnement en matières premières et en accélérant le déploiement des infrastructures de recharge sur l'ensemble du continent ». Tout est à rebâtir.

Conclusion des sages : « L'UE doit veiller à ce que sa souveraineté industrielle et ses citoyens ne payent pas ses ambitions au prix fort. » On notera que c'est la première fois qu'une institution européenne de premier plan, dont les travaux sont réputés pour leur sérieux, émet des doutes aussi sévères et argumentés sur l'agenda vert européen. On fera également remarquer que ces doutes, et c'est une première, pointent l'acceptation sociétale des décisions prises. À quoi bon opérer une transition majeure si les citoyens européens en sont tenus à l'écart, dans l'impossibilité financière d'adhérer au projet. C'est pourtant simple : si les populations se retrouvent dans l'incapacité d'acheter des voitures électriques, ce qui est le cas, l'objectif de l'agenda vert ne sera jamais atteint. En creux, la critique est plus que sévère : elle donne la mesure de l'écart considérable entre une prise de décision politique, une construction purement intellectuelle des objectifs de décarbonation, et la réalité à la fois industrielle et sociétale du continent.

Ces conclusions rejoignent un rapport alarmant publié début 2024 par l'IFRI (Institut français des relations internationales) dont les conclusions font froid dans le dos. Pour ces experts, non seulement l'agenda vert présenté en fanfare il y a trois ans par la Commission européenne fixe un objectif de décarbonation à peu près inatteignable, mais en outre il porte en lui les germes d'une désintégration de l'Europe en sous-estimant notoirement les contraintes infligées aux populations du Vieux Continent.

L'argumentation est plus que sévère : « Le pire scénario pour la transition énergétique européenne est une voie où les coûts d'importation des combustibles fossiles restent élevés, où les équipements technologiques importés pour les technologies à faible émission de carbone augmentent, où les matières premières sont fournies et militarisées par la Chine, où les industries à forte intensité énergétique arrêtent leur production, où la plupart des gouvernements ne peuvent pas compenser l'augmentation des coûts énergétiques et économiques pour les citoyens et les entreprises, où l'innovation n'est pas mise à l'échelle, et où les budgets de R&D diminuent et produisent de moins en moins. [...] Ce serait le scénario d'une Europe en voie de désintégration. »

Un scénario redoutable, dans l'ordre des possibles, mais encore évitable à condition « de procéder à une réévaluation stratégique et d'adapter le *Green Deal* à un monde brutal. L'UE ayant de moins en moins d'outils pour influencer le monde, elle devrait s'efforcer de devenir plus efficace et plus résistante à l'intérieur et plus stratégique à l'extérieur ».

Réveil tardif au sommet de l'Europe

Et si, finalement, les choses étaient en train d'évoluer vers plus de raison ? Faut-il voir un tournant dans le changement de posture de la présidente de la Commission européenne ? Quand Ursula von der Leyen prend la parole, le 16 juillet 2019, au cœur de l'hémicycle du Parlement européen, son discours programmatique tourne autour d'un seul axe : son *Green Deal*, le pacte vert qui aboutira sur un coup de tonnerre : l'interdiction de la vente des véhicules thermiques en 2035. Que la même Ursula von der Leyen, à peine quatre ans plus tard, déclare la guerre commerciale à la Chine démontre, pour le moins, une prise de conscience de l'enjeu industriel du sujet. Et des risques avérés qu'a fait prendre à l'Union cette décision irréfléchie.

De fait, outre les signaux d'alerte adressés depuis des années par les constructeurs automobiles, forcément soupçonnés de plaider pour leur seule paroisse, de nombreuses voix se font entendre dans les cercles de pouvoir pour dénoncer cette décision. Il aura fallu que l'Europe encaisse plusieurs chocs successifs pour que soit provoqué ce réveil tardif des consciences. La pandémie de Covid-19 avait déjà violemment alerté les Européens sur la faiblesse de notre appareil productif et notre dépendance à la Chine pour les masques et le Doliprane. Mais c'est l'invasion de l'Ukraine par la Russie le 24 février 2022 qui a cruellement mis l'Europe devant une évidence : son entière dépendance au gaz russe. La crise énergétique qui en a découlé et son cortège d'effets de chocs sur les économies du Vieux Continent ont fini par alerter sur la capacité des Vingt-Sept à assumer le pacte vert européen. Les pays les moins bien engagés en la matière, la Pologne ou la Hongrie, dont les mix énergétiques sont largement soumis aux énergies fossiles, font régulièrement entendre leur voix. Notamment en faveur d'un assouplissement de l'agenda de 2035 pour l'automobile électrique.

L'une d'entre elles, parce qu'elle se fait entendre au cœur même de la Commission européenne, est particulièrement audible. C'est celle de Thierry Breton.

Rendez-vous en 2026 pour revoir l'échéance folle de 2035

Partisan du maintien d'une industrie thermique en Europe, le commissaire européen au Marché intérieur Thierry Breton n'est pas étranger à la décision prise par le Conseil de l'Union européenne, fin juin 2022, d'ouvrir la porte à une clause de revoyure en 2026 afin d'évaluer la bonne marche, ou pas, du plan organisant l'avènement du tout-électrique en 2035. Le ton va encore se durcir quelques mois plus tard, en novembre de la même année, quand il annonce aux journalistes du quotidien *Les Échos* « la création d'un groupe de travail pour préparer l'échéance de 2026 » : « Je réunirai tous les trois mois ce groupe composé des grands constructeurs automobiles, des fournisseurs, des syndicats, des associations d'usagers, des villes, des opérateurs d'électricité, etc. Son objectif sera d'identifier et de traiter les difficultés pour mettre en œuvre cette mégatransformation. Les questions sont très nombreuses et nous devrons peut-être adapter en 2026, ou avant 2026, les mesures soutenant la trajectoire vers 2035. » Et le commissaire de rappeler, dans la foulée, les 600 000 emplois détruits, les matières premières sous tension, les bornes de recharge trop peu nombreuses, etc. Enfin, tout ce qui fâche dans cette trajectoire.

Certes, la prise de conscience s'est trop fait attendre. Il paraît illusoire d'imaginer un abandon pur et simple de la trajectoire vers le tout-électrique. N'en déplaise aux experts de Bruxelles toujours très éloignés de la réalité des entreprises, on voit mal comment demander à des industriels d'abandonner des projets de transformation quand les dizaines de milliards d'euros nécessaires sont déjà engagés. La plupart, d'ailleurs, ne le souhaitent plus. En revanche, un report de l'échéance de 2035 pour donner les moyens d'une plus grande compétitivité aux acteurs de la filière et permettre une montée en puissance progressive de véhicules hybrides plus performants rencontre de plus en plus d'écho. En quelque sorte, un moindre mal pour les automobilistes. Mais cela ne suffira pas.

L'écologie punitive perd des points, au profit d'une écologie de bon sens

On l'a vu, l'électrique n'est pas le seul fer de lance de l'agenda vert qui heurte de plein fouet les Européens. La mise en place des zones à faibles émissions a donné lieu à un autre concert de contraintes que les élus ont fini par identifier. D'où le repli en bon ordre sur le sujet, la plupart des ZFE ayant été transformées en « zones de vigilance ». Pour une fois, le pragmatisme a prévalu. Il est vrai que toutes les futures ZFE, à l'exception de Lyon et de Paris, ont enregistré une forte amélioration en matière d'émissions de dioxyde d'azote (NO_2), pollution la plus nocive pour la santé. Il arrive, parfois, que la raison l'emporte.

Plus largement, des données positives toutes récentes sur l'évolution des émissions polluantes en France sont de nature à changer la donne. On ne peut que se féliciter de la baisse de 5,8 % des émissions de gaz à effet de serre constatée en 2023. Un chiffre annoncé à grand renfort de communication par le Premier ministre Gabriel Attal en mai 2024. Il faut dire que ces données sur les émissions, publiées par le Centre interprofessionnel technique d'études de la pollution atmosphérique, se sont révélées bien meilleures qu'attendu. En 2023, la France a émis 373 millions de tonnes équivalent CO_2, contre encore 460 millions en 2017. Une chute de 19 %, quelque 87 millions de tonnes évitées en sept ans, ce qui représente une économie de 12,5 millions de tonnes par an. En prolongeant ce rythme annuel jusqu'en 2050, la France atteindrait la neutralité carbone visée dans le pacte vert européen... Voilà qui souligne l'effet positif des efforts fournis par tous les secteurs concernés, de l'industrie à l'agriculture, en passant bien sûr par le transport automobile, dont la performance positive a été remarquée. Une réponse encourageante à l'urgence écologique, qui montre que les objectifs de la transition verte sont atteignables, sans nécessairement passer, pour ce qui concerne l'automobile, par la case arbitraire de la fin du thermique en 2035.

À petites touches donc, l'écologie punitive perd des points, au profit d'une écologie de bon sens. Et c'est tant mieux. En revanche, pour ce qui est du retour nécessaire à la voiture populaire, accessible à tous, c'est une tout autre histoire.

La bagarre sur les prix entamée par les constructeurs concerne essentiellement la voiture électrique... qui ne se vend pas. Mais la barrière tarifaire sur la voiture de tous les jours, pour l'essentiel à essence ou diesel, est bien installée. À cet égard, les incantations gouvernementales, dès qu'il s'agit de la maîtrise des prix – on l'a vu avec la grande distribution et les industriels, régulièrement convoqués à Bercy –, ont peu de chances d'être entendues. La bataille contre l'inflation fait rage, mais elle est loin d'être gagnée. Contraindre, demain, les constructeurs à baisser leurs prix catalogue, les assureurs à raboter leurs primes, les garagistes à rogner sur des factures de réparation stratosphériques, les autoroutiers à renoncer à leurs bénéfices plantureux ? Mission impossible.

La baisse des prix des carburants est possible, mais qui payera ?

Un domaine reste à portée de décision gouvernementale : les prix de l'énergie. Malgré ses multiples parachutes tarifaires, le gouvernement français n'a pas vraiment réussi à calmer le jeu. Les carburants à 2 euros le litre, des factures d'électricité en hausse de 70 % en dix ans, voilà qui constitue un frein puissant à l'usage de la voiture, quelle que soit son énergie. Mais dans les deux cas, la fiscalité pèse lourd. Pour EDF, il faut compter 30 % de taxes dans la constitution de la facture. Dont une partie non négligeable part directement dans les poches des retraités des agents d'EDF et des ex de GDF... Pour les carburants, la taxe pèse lourd, très lourd, de l'ordre de 60 % du prix affiché et payé par le consommateur. Elle rapporte 40 milliards d'euros, bon an mal an. Un peu moins que le coût des intérêts de la dette de la France... On peut certes imaginer, comme se le permettent non sans facilité certains partis politiques, une baisse drastique des taxes. Mais qui payera ?

Par la naïveté confondante et coupable des institutions européennes, on a donc mis en péril un écosystème tout entier, pourtant à la pointe du projet industriel européen. Au nom d'objectifs d'un pacte vert arrogant, par le jeu avide de l'argent chez les constructeurs, on a créé en à peine une poignée d'années des freins puissants à l'accession à l'automobile. Les Français et la voiture, c'est pourtant une longue et belle histoire. Née il y a plus d'un siècle, l'automobile a émancipé la société en offrant un bien devenu précieux, fondamental : la liberté de circuler. C'est cette liberté qui se trouve aujourd'hui entravée. Même si elle ne fait plus guère rêver, les Français des campagnes comme des villes ont besoin de la voiture. Il faut nous la rendre.

Remerciements

Je me dois d'abord d'adresser mes félicitations à mes chers confrères journalistes, spécialistes de l'automobile ou pas. Une fois de plus, leurs travaux remarquables m'ont guidé et m'ont permis de découvrir de stupéfiantes informations qui ont largement nourri cet ouvrage. Un grand merci à cette belle profession dont la rigueur et l'absence de parti pris idéologique, loin des lobbies en tout genre, devraient plus souvent éclairer les décisions de nos dirigeants.

Un grand merci aussi aux nombreux interlocuteurs qui ont bien voulu répondre à mes questions, même lorsque celles-ci les dérangeaient. Je n'ai jamais dû faire face à une fin de non-recevoir. Ils se reconnaîtront.

Comme toujours, la bienveillante attention de Muriel Beyer, les conseils éclairés (et souvent lumineux) de Laurent Nunez, la disponibilité d'Eva Blondel, le travail de fourmi des équipes des Éditions de l'Observatoire m'ont permis de mener à bien, et dans les meilleures conditions, l'écriture de cet ouvrage.

Enfin, rien de tout cela n'aurait été possible sans l'accompagnement plein d'intelligence attentionnée, dans les hauts comme dans les bas, y compris les moments les plus bougons, de ma chère Agnès.

Table

Deuxième partie
Voiture électrique : à fond dans le mur

Troisième partie
L'incroyable cadeau de l'Europe à la Chine

Composition et mise en pages
Nord Compo à Villeneuve-d'Ascq

CET OUVRAGE
A ÉTÉ ACHEVÉ D'IMPRIMER
SUR ROTO-PAGE
PAR L'IMPRIMERIE FLOCH À MAYENNE
EN SEPTEMBRE 2024

N° d'impression : 105447
Imprimé en France